AS NOVAS REGRAS DO VINHO

AS NOVAS REGRAS DO VINHO

UM GUIA ÚTIL DE VERDADE
COM TUDO O QUE
VOCÊ PRECISA SABER

JON BONNÉ

ILUSTRAÇÕES
MARÍA HERGUETA

TRADUÇÃO
LÍGIA AZEVEDO
REGINALDO AZEVEDO

COMPANHIA DE MESA

SUMÁRIO

INTRODUÇÃO	6.
1. O BÁSICO	11.
2. DENTRO DA GARRAFA	33.
3. COMO ESCOLHER	57.
4. COMO SERVIR E DESFRUTAR	85.
5. ARMAZENAMENTO E TRANSPORTE	101.
6. VINHO E COMIDA	115.
7. JANTANDO FORA	127.
8. BEBENDO EM CASA	141.
AGRADECIMENTOS	150.

INTRODUÇÃO

Todo mundo acha que experts em vinho levam uma vida maravilhosa. Quando as pessoas descobrem o que eu faço, logo me imaginam degustando safras raras, indo de vinícola em vinícola em uma Mercedes com motorista. E, sem dúvida, há coisas muito menos divertidas na vida do que provar e avaliar vinhos do mundo todo.

Minha vida, no entanto, não é tão diferente da sua. Já entrei em uma série de lojas de vinhos e recebi péssimos conselhos. Já fui seduzido por mais recomendações do que consigo lembrar e acabei me dando mal por isso. E, à noite, durante o jantar, como qualquer outra pessoa, tomo o que quer que esteja aberto na geladeira.

Nos restaurantes, ainda sofro diante da carta de vinhos e, apesar de me orgulhar da minha memória (só no que se refere a vinho), sempre encontro uma porção de opções de que nunca ouvi falar. Sommeliers já tiveram que me dar longas explicações inúmeras vezes. Já me serviram vinho em péssimas condições, como uma garrafa caríssima de grenache não muito tempo atrás, que chegou à mesa tão quente que parecia ter sido armazenada ao lado do forno de pizza. (Pedimos um balde de gelo.)

Amo o que faço, e a cada ano tenho a oportunidade de provar milhares de vinhos, incluindo muitos a que poucas pessoas têm acesso. Mas saber uma porção de coisas a esse respeito não melhora magicamente sua vida.

Na verdade, a obsessão pelo conhecimento do vinho pode ter dificultado o simples desfrutar da bebida. Fomos, de muitas maneiras, enganados pela mística do especialista em vinhos. Ficamos deslumbrados com histórias de garrafas de espumante sendo abertas com um sabre e de degustações às cegas de garrafas de borgonhas tintos. Mas tudo isso não passa de jogos de salão. É um mito a ideia de que você precisa saber cada minuciosidade, embora muitos experts de fato sejam obcecados por detalhes que não têm quase nenhum impacto na maneira como o resto de nós leva a vida.

Não me entenda mal: a expertise pode ser valiosa. Escrevo profissionalmente sobre vinho há cerca de quinze anos e passei uma década como editor e crítico-chefe do *San Francisco Chronicle*, o único jornal norte-americano a ter uma seção dedicada a vinhos. Isso significa que escrevi centenas de artigos e provei dezenas de milhares de vinhos, de modo que acredito que minhas opiniões sobre o assunto sejam mais embasadas que as da maioria. Escrevi um livro chamado *The New California Wine* que documentava o renascimento do interesse nos vinhos da Califórnia. E nem sou o maior nerd dos vinhos de casa: minha mulher importa e vende alguns dos melhores do mundo. Nossas prateleiras estão repletas de livros sobre o assunto e nossas paredes estão cobertas de mapas de vinhedos.

Em outras palavras, é obrigação minha e da minha mulher, como profissionais, saber bastante sobre o assunto, e concluímos que para entender de vinhos não é preciso fazer cursos ou correr atrás de um broche ou de um diploma. Vinho é algo que se torna parte da sua vida a passos graduais e quase invisíveis.

Tive sorte porque cresci numa casa regada a vinho; era um interesse semiprofissional do meu pai e aprendi a respeito mais ou menos por osmose, do jeito que outras crianças aprendiam beisebol. Nunca tive um grande momento de iluminação. Então esqueci tudo, fui para a faculdade e me tornei jornalista. Anos depois, o interesse voltou. Eu dava um jeito de mencionar vinhos na maior parte dos meus textos, então finalmente propus uma coluna ao meu editor. Assim teve início minha carreira como expert.

A expertise, no entanto, vem aos poucos. No começo da carreira, quando eu tinha menos confiança, cometi o clássico erro de fingir saber mais do que sabia, o que me tornou a pior coisa do mundo: um esnobe do vinho. Uma vez, rejeitei uma garrafa de barbera que acompanharia uma pizza porque tinha "taninos demais". (Na verdade, o barbera é conhecido por ter um nível baixo de taninos e é uma ótima escolha para acompanhar pizzas.)

Com o tempo, me senti mais confortável para admitir o que eu não sabia. Provei e bebi muitos vinhos e comecei a entender melhor as coisas. Nunca quis ser sommelier e nunca fui oficialmente consagrado como expert, e você tampouco precisa ser — principalmente agora. As antigas maneiras do vinho estão começando a desaparecer. Grandes influenciadores estão perdendo poder. Quem bebe vinho hoje é muito mais seguro e menos propenso a se basear em pontuações definidas pela suposta sabedoria dos conhecedores.

Tudo isso me faz pensar: o que um expert pode oferecer? Certamente o mundo não precisa de outra publicação do tipo "beba isto, não beba aquilo". Por isso, este livro nasceu da ideia de que a coisa mais valiosa que tenho a compartilhar é um resumo prático de princípios que aprendi para incorporar o vinho ao dia a dia: como descobrir do que você gosta, como escolher uma garrafa para o churrasco do fim de semana, quando fazer alarde e quando ser discreto.

Por essa razão, você não vai encontrar muitas referências aqui sobre variedades e regiões. Milhares de outros livros já trataram desses temas e podem ajudá-lo a mergulhar fundo nessas questões. São detalhes que se deve aprender no seu próprio ritmo, no seu próprio tempo, e, honestamente, o mundo do vinho cresceu tanto que é impossível para qualquer um conhecê-lo por completo. O que importa é descobrir do que você gosta.

A parte boa é que estamos no melhor momento na história para beber vinho. Nunca tivemos tanta diversidade de sabores, estilos e uvas disponíveis. Se tenho um conselho a lhe dar, é este: beba com alegria. Parece óbvio, mas lembre-se de que, ao menos nos Estados Unidos, as últimas gerações de amantes do vinho foram guiadas pelo medo — de não ter bom gosto ou de deixar transparecer o que não sabiam.

Dane-se o medo. Éramos guiados pelo medo no passado e estamos cansados disso. Vinho é algo bom demais para ser limitado por ele.

Então beba com alegria e nunca deixe a curiosidade de lado. Os vinhos são uma parte fascinante e infinitamente complexa da nossa cultura. O assunto pode tomar conta de toda a sua vida, embora não precise. Mas com certeza aconteceu comigo. Agora é o momento de compartilhar o que aprendi pelo caminho.

1

O BÁSICO

REGRA 1

Ponha mais cor no seu copo.

O mundo do vinho está mais diverso e interessante do que nunca, e é uma pena que a maior parte de seus apreciadores não tire vantagem disso.

Mas isso não é culpa de ninguém. Somos criaturas de hábitos, e o vinho, como qualquer outra coisa, é um hábito. Se você gosta de chardonnay, provavelmente vai continuar bebendo chardonnay, pois é o que conhece. Assim que se apegar a uma marca X, possivelmente vai continuar a comprá-la, a menos que alguém lhe dê uma boa razão para mudar.

Lá no fundo, a indústria do vinho sabe que a maioria de seus clientes ainda é conduzida, acima de tudo, pelo medo. Então todos se restringem às suas escolhas familiares e reduzidas. Tinto ou branco? Pinot noir ou malbec? Francês ou californiano? Mais uma taça de prosecco?

A boa notícia é que essa maneira de pensar é amplamente promovida pela geração que começou a beber quase quarenta anos atrás. Nos anos 1980, o vinho era algo misterioso que precisava ser decifrado. Era uma época de escolhas e slogans simples.

Isso mudou. Agora, temos a liberdade de beber sem limites, de aproveitar um rol de estilos, regiões e uvas que está sempre mudando. Gamay noir da Sierra Foothills? Passito di Pantelleria? Por que não?

Há um jeito fácil de encarar esse novo mundo do vinho. Para diversificar nossa dieta, somos aconselhados a fazer um prato colorido com uma variedade de alimentos de todas as cores do arco-íris. De maneira geral, é como comemos hoje. Estamos menos interessados na sequência "entrada e prato principal" do que na proveniência da carne, por exemplo. Buscamos uma abordagem com uma gama variável de escolhas.

Isso não quer dizer que nossos alimentos ou vinhos favoritos não sejam bem-vindos. Mas você quer mesmo ser a pessoa que pede pinot grigio porque é seguro e não ofende ou que inicia uma discussão entediante sobre a diferença entre chablis e chardonnay? (Dica: o chablis é um chardonnay.) Ou quer que o vinho se torne algo divertido?

Proponho uma abordagem similar à da comida: dê mais cor ao seu copo. O vinho branco de hoje não é apenas branco. Pode ser verde pálido ou de um amarelo profundo. O tinto pode ser tão claro que chega próximo do fúcsia, ou tão escuro quanto ocre. Há centenas de uvas, algumas melhores, outras piores, e vale a pena descobrir quase todas.

Mas não se preocupe tanto com as uvas, pois elas podem ser usadas em uma grande variedade de estilos. Há muitos modos de transformar uma uva na produção de vinhos. Há centenas de denominações de origem. Há milhares de tons de rosé, e até vinho laranja (veja a p. 35). Há vinhos feitos sob um véu de leveduras e vinhos efervescentes, vinhos com sabor de minerais e vinhos com o sabor da evolução pela idade.

Esse é o princípio que guia este livro. Você não precisa de mais um expert para explicar que o vinho pode ser branco ou tinto, e sim de um modelo para abraçar o curioso e deslumbrante mundo do vinho no qual temos a sorte de viver.

É nessa direção que os vinhos vão hoje. Então, desfrute dessa variedade maravilhosa. Você não vai se arrepender.

REGRA 2

Esqueça "os melhores" e beba vinhos bons.

Nos últimos vinte anos, muitos dos melhores vinhos do mundo — os melhores bordeaux e borgonhas, e muitos cabernets da Califórnia, por exemplo — se tornaram proibitivamente caros. (Há algumas exceções notáveis, como os rieslings alemães.) Isso não quer dizer que você não deve bebê-los se puder. Mas não se preocupe em comprar "os melhores". Eles com frequência são *muito* bons, mas nem sempre. E há milhares de vinhos muito bons no mundo que não entram para o rol de "melhores" por um ou outro motivo (em geral geográfico). Passe seu tempo aprendendo tudo o que puder a respeito *desses*. Interessante e bem escolhido é melhor do que refinado.

REGRA 3

Um bom vendedor é seu melhor amigo.

Se quer entender o mundo do vinho, a coisa mais importante que pode fazer é encontrar uma boa loja e criar intimidade com os funcionários. Conforme aprenderem seu gosto, eles terão mais facilidade de levá-lo aos vinhos de que gostam — e dos quais acham que você também vai gostar. Dê uma olhada na próxima página, que reúne algumas dicas para comprar vinhos como um profissional.

ACHE UMA BOA LOJA.
Ela deve ter vinhos de muitas regiões produtoras (a menos que seja especializada em uma) e ter funcionários que possam dar informações detalhadas, inclusive sobre o cultivo das uvas. Importadoras e produtores independentes de grande porte devem ser o foco da loja.

DESCUBRA SE SEU ESTOQUE É BOM.
Uma boa loja tem uma seleção variada de pequenos produtores — garrafas que você não encontra no mercado, feitas por nomes conhecidos, e não grandes empresas.

TENHA CONFIANÇA.
Muitos apreciadores de vinho ficam nervosos ao conversar com os vendedores. Mas *você* é o cliente e não deveria ter que fingir que sabe mais do que realmente sabe. Diga o que deseja; o vendedor deve partir daí, e não empurrar o que quer vender. Não se preocupe em usar os termos apropriados. Use a linguagem que o deixa confortável. Ficar intimidado é um indicativo de que a loja não é boa.

CONSTRUA UMA RELAÇÃO.
Como qualquer tipo de estabelecimento comercial, as lojas de vinho precisam de clientes assíduos cujo gosto conhecem. Com frequência você receberá informações em primeira mão sobre promoções e degustações.

FAÇA O TESTE DO ESPUMANTE.
Por último, uma regra fácil: espumante talvez seja o vinho com a mais clara divisão entre grandes corporações e pequenos produtores. Então, se reconhecer mais da metade dos rótulos nas prateleiras de uma loja, parta para outra.

REGRA 4

Não se intimide com o jargão — não é muito importante.

Você deve se sentir livre para falar sobre vinho como quiser. Algumas palavras são específicas e técnicas (como "açúcar residual", p. 22); outras são relativamente comuns ("taninos", p. 21). E muitas são apenas extravagantes e expressivas — divertidas mas subjetivas. Outras são clichês ("sensual") ou simplesmente vagas ("refrescante"). A menos que você seja um profissional falando com outros profissionais, use apenas as palavras com as quais se sente confortável.

Dito isso, vale a pena evitar a afetação. (Você precisa mesmo dizer que o vinho tem "toques" do que quer que seja?) Por último, veja a página ao lado para algumas armadilhas comuns que vale a pena evitar.

"UM VINHO MUITO FEMININO."	O mundo dos vinhos já é complicado o bastante sem que se adicione a discussão de gênero a ele. Inúmeros termos (áspero, delicado, intenso) funcionam muito melhor do que "feminino" e "masculino".
"É MUITO SUAVE."	Há uma tênue diferença entre terminologia e jargão. "Suave"? Não estamos num comercial de lâminas de barbear. "De textura leve" ou até mesmo "sedoso" são mais precisos. (E nem vou começar a falar de vinhos "pesados"!)
"QUERO UM SUQUINHO."	O vinho já é divertido por si só, então as brincadeiras deixe de lado. "Suco" é o vinho antes de se tornar vinho. Garrafas não precisam ser "viradas". "Shots" são para bebidas mais fortes.*

* Mas admito que a Chambong (mistura de taça de espumante e funil de cerveja) é divertida.

"CEREJA, AMORA, UM TOQUE DE GROSELHA."	Cuidado com a salada de frutas. É legal identificar sabores, mas menos é mais, ou as pessoas vão pensar que você tem algum tipo de fetiche. Prefira descrever o espectro geral do sabor (frutas cítricas ou frutas vermelhas).
"DÁ PARA SENTIR O TERROIR."	Você sente o aroma e o sabor de coisas distintas (como pólvora no chablis), típicas de certo tipo de uva que cresce em certo lugar? Ou só gosto de terra? O primeiro caso pode refletir o terroir, termo complicado para a maneira como vinhos de determinados lugares têm um sabor específico. O segundo descreve os sabores e aromas típicos do solo fresco (ou nem tanto).

REGRA 5

Você só precisa conhecer alguns termos-chave.

Há muitas palavras para descrever o aroma e o sabor do vinho. Elas podem ser estranhas, porque não passam de uma *sugestão*. O vinho é feito quase que só de uva (no entanto, se você sentir a doçura da baunilha, saiba que vem de traços residuais encontrados no carvalho dos barris). Caso sinta aroma de alcaçuz ou sabor de amora, algum componente químico deles pode estar representado, o que não quer dizer que foram usados na fabricação do vinho. Então o que essas palavras de fato querem dizer?

FRUTADO

Vinho tende a ter gosto de qualquer fruta, exceto uva — seja de uma específica (cereja, laranja), seja do tipo que ela representa (cítricas, como o limão, ou frutas vermelhas, como a amora). Frutado é diferente de doce, mas um vinho frutado quase sempre tem as outras características menos presentes, e vinhos podem "perder" esse sabor conforme envelhecem.

HERBÁCEO

São os aromas e os sabores das ervas — desde grama recém-cortada (como o sauvignon blanc) até sálvia seca. Podem vir da uva (a cabernet franc, por exemplo, muitas vezes lembra pimenta) e de seu estado de maturação, ou então do uso de cachos inteiros (com as hastes, e não apenas as uvas). Por fim, "herbáceo" tem conotação positiva, ao contrário de "vegetal", em referência a vinhos produzidos com uvas ainda verdes.

CONDIMENTADO

Um toque de especiaria, que realça a fruta e os outros aromas — de zimbro a noz-moscada. Muitos vinhos são descritos como "apimentados", especialmente o syrah, que contém um elemento químico encontrado no alecrim e na pimenta-do-reino.

SECO

Quer dizer "não doce". É um termo técnico para indicar que quase não resta açúcar depois da fermentação, mas também caracteriza um sabor que não revela açúcar. Alguns vinhos secos podem dar a impressão de ter açúcar, por isso o termo "frutado" (p. 22).

MINERAL

São sabores que remetem a pedra e a outros elementos, como sal. Há um debate infinito sobre a presença de componentes minerais no vinho e a forma como isso se dá, mas alguns vinhos têm um sabor inegável de elementos como pólvora ou giz. (E, sim, muitas pessoas do mundo do vinho provaram essas coisas para comparar.)

ANIMAL

Pode ser algo positivo, como o aroma de presunto defumado (de novo, no syrah). Ou sabor de sangue da carne malpassada. Também pode ser ruim, se cheirar a sela de cavalo suada (em geral, um grave sinal de bactéria) ou a cachorro molhado (vinho bouchonné, p. 54). É preciso ser específico.

TÂNICO

Taninos são fenóis que têm um leve amargor e estão presentes naturalmente nas uvas viníferas. (Eles são os responsáveis por aquela sensação de algo seco raspando a língua e a garganta quando bebemos.) Diferentes uvas contêm mais ou menos taninos (mesmo as brancas — então, sim, o vinho feito com elas também pode ser tânico!), e produtores podem extrair diferentes quantidades delas. Em geral, "tânico" é usado quando há excesso de taninos.

RÚSTICO

Palavra traiçoeira que em geral significa "não refinado". No fim do século xx, era algo ruim, que indicava um vinho deselegante. Hoje seu significado adquiriu maior complexidade.

REGRA 6

"Frutado" não é o mesmo que "doce".

* O riesling e outros vinhos brancos, como o chenin blanc, podem ser produzidos em uma variedade de estilos: secos, doces ou meio-secos (*demi-sec* em francês ou *halbtrocken* em alemão). Todos eles podem ser deliciosos, e um bom vinho traz a indicação no rótulo, mas não tenha medo de perguntar se um vinho é seco ou doce.

** Que não é a mesma coisa do chardonnay do Novo Mundo. Muitos deles, da própria Califórnia ou de lugares como a Austrália, são feitos hoje em estilo seco e menos frutado.

As palavras "doce" e "seco" têm um significado técnico específico relacionado ao *açúcar residual*. Em geral, o vinho é feito convertendo-se o açúcar da uva em álcool; normalmente, todo o açúcar é consumido, mas o que sobra é chamado de "açúcar residual". Se não houver resíduo, trata-se de um vinho "seco". Se restar um pouco, deverá ser "doce". (Os diferentes estilos de riesling* são um bom exemplo de como um único varietal pode originar uma gama de vinhos, do completamente seco ao muito doce.)

Portanto, um vinho pode ser frutado mesmo sem ter açúcar residual. Também pode ter outros sabores — mineral, herbáceo ou animal — ainda que tenha restado açúcar. Frutado nem sempre é sinônimo de doce, e "com pouca fruta" não é o mesmo que seco. (Então, sim, um vinho pode ser doce e ao mesmo tempo ter pouca fruta.) E a coisa ainda pode se complicar, já que alguns vinhos supostamente "secos" podem ter uma boa quantidade de açúcar residual, como o chardonnay envelhecido e amanteigado da Califórnia** ou alguns dos cortes tintos modernos.

Quando for tomar seu vinho favorito, considere se é seco ou doce, frutado ou não. Confira onde ele aparece no quadro ao lado.

Você só precisa de um: o saca-rolhas de dois estágios, que tem a quantidade certa de alavancagem, cortador para a cápsula e (normalmente) uma espiral de silicone ou de material não metálico que penetra a rolha com facilidade e se mantém ali.

Não suporto saca-rolhas tipo borboleta, embora sejam usados por toda parte! São mais instáveis e em geral exigem mais manuseio e mais força para puxar a rolha. Além disso, as laterais da espiral com frequência são afiadas, o que pode rasgar ou quebrar a rolha.

Se quiser esbanjar, compre um saca-rolhas tipo lâmina, que funciona bem com rolhas antigas e de cortiça. Cada uma das duas lâminas é inserida de um lado, ajudando a manter a rolha inteira conforme você gira e puxa. E, se estiver realmente animado a investir nisso, o Durant (saca-rolhas retratado no canto superior direito da ilustração ao lado) combina as melhores características de cada um dos tipos citados, para extrair rolhas frágeis intactas.

REGRA 7

Não é preciso gastar muito para ter bons saca-rolhas.

REGRA 8

Não é difícil abrir um vinho como um profissional.

* Depois de consumir a primeira garrafa, você talvez note que esses passos se tornam muito mais fluidos (pelo menos é a impressão que dá).

Você pode dominar essa arte com alguns passos simples.*

❶ Se possível, coloque a garrafa numa superfície estável na altura da sua cintura. (Com alguma prática, será possível fazer isso enquanto a segura.) Abra-a na própria mesa ou perto dela, se puder. As pessoas gostam de ver.

❷ Corte a cápsula acima ou abaixo do gargalo, usando uma faca ou o cortador do saca-rolhas.

❸ Insira a espiral ligeiramente inclinada. Pode parecer estranho, mas é a melhor maneira de garantir que entre direito.

❹ Não mova a garrafa, só o saca-rolhas, a menos que se trate de um espumante (p. 28). Gire até que falte apenas meia volta para que a espiral esteja toda na rolha. Procure mantê-la ereta durante esse movimento.

❺ Coloque o primeiro apoio (se tiver o saca-rolhas de dois estágios) no gargalo da garrafa. Puxe e posicione o segundo apoio no gargalo.

❻ Puxe até que a rolha saia quase inteira.

❼ Remova a rolha com delicadeza, usando a mão se necessário.

❽ Gire o saca-rolhas para soltar a rolha. Finalmente, sirva-se de uma pequena amostra para se certificar de que o vinho está bom.

REGRA 9

É ainda mais fácil abrir um champanhe como um profissional.

Nunca chacoalhe a garrafa até a rolha sair, a menos que esteja a fim de desperdiçar bebida (e talvez acertar o olho de alguém). Em vez disso, solte um pouco a gaiola, mas mantenha-a sobre a rolha. Então siga estes quatro passos.

❶ Segure firme a rolha e a gaiola em uma mão e a parte de baixo da garrafa na outra. (Se quiser mais tração, use um pano de prato pequeno para segurar a garrafa ou até mesmo a rolha.)

❷ Gire a *garrafa* com delicadeza. Faça isso devagar e com cuidado, enquanto segura firme a rolha e a gaiola.

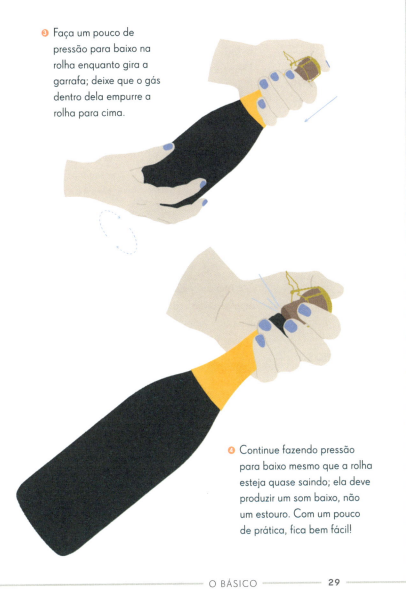

❸ Faça um pouco de pressão para baixo na rolha enquanto gira a garrafa; deixe que o gás dentro dela empurre a rolha para cima.

❹ Continue fazendo pressão para baixo mesmo que a rolha esteja quase saindo; ela deve produzir um som baixo, não um estouro. Com um pouco de prática, fica bem fácil!

REGRA 10

Quatro dicas para se tornar um mestre em servir.

1. Não despeje o vinho de qualquer jeito.
2. Sirva com delicadeza, mas não com timidez.
3. Preencha só metade da taça. Sempre é possível repetir (p. 88).
4. Dê uma leve viradinha de pulso ao puxar a garrafa de volta. Isso é crucial para impedir o gotejamento de vinho. Pode ser uma boa ideia manter um pano de prato na outra mão para enxugar o gargalo. (Essa é a razão pela qual os sommeliers fazem isso.)

REGRA 11

Há apenas cinco ferramentas essenciais no mundo do vinho.

Até mesmo os grandes ilusionistas do passado ficariam maravilhados com o universo de artefatos "inovadores" e inúteis relacionados ao mundo dos vinhos: abridores de garrafa mecânicos, aeradores "mágicos", aparadores "milagrosos", aparelhos para "envelhecer" o vinho automaticamente e até decanters eletrônicos. A maior parte é puro lixo.

Se quer comprar acessórios, além de boas taças (p. 98) e um saca-rolhas (p. 25), considere as opções ao lado.

❶ UM BOM SUPORTE PARA SECAR TAÇAS

Ele tem que caber na pia. Nunca coloque taças de vinho na lava-louças. (Embora isso não seja um problema para taças comuns, mais baratas.) As hastes podem quebrar, e o detergente da maior parte das máquinas pode marcar ou riscar o vidro. (Opte por lavar as taças com um detergente leve e uma escova, como descrito abaixo.)

❷ UMA BOA ESCOVA PARA TAÇAS E DECANTERS

É projetada especificamente para esfregar o interior das taças e dos decanters. Melhor manter bem longe sua esponja do dia a dia.

❸ PORTA-GARRAFAS DE NEOPRENE

São essenciais para transportar vinho, principalmente se você se locomove de bicicleta, a pé ou de metrô. É até indicado ter mais de um.

❹ UM BOM SELADOR DE ESPUMANTE

Os melhores encaixam no gargalo; assim, o dióxido de carbono não sai e o vinho se mantém fresco.

❺ UM CORTADOR DE CÁPSULA

Você pode usar uma faca sem ponta (faço isso às vezes), mas, se for abrir garrafas com certa frequência, um cortador vai fazer com que elas fiquem muito mais bonitas na mesa.

2

DENTRO DA GARRAFA

REGRA 12

Saiba identificar tintos, brancos e os meios-termos.

Vinho hoje é muito mais do que só tinto ou branco. Há o rosé, que tem sido levado pelo menos tão a sério quanto o branco (como deveria). O laranja, ou âmbar, resultado da fermentação da uva branca com casca, também fica em algum lugar entre o branco e o tinto. Existem vinhos oxidados (veja ao lado), como o xerez e muitos brancos da região do Jura, na França, e alguns brancos produzidos com longa exposição ao ar, em recipientes como ânforas. Por isso é importante beber um arco-íris de vinhos, nos mais diferentes tons (p. 12). Alguns deles:

BRANCO

Em geral feito de uvas brancas, embora uvas tintas prensadas ligeiramente constituam o blanc de noirs (literalmente, "branco de pretos"), que também pode ser espumante. A prensagem é feita logo depois da colheita para reduzir o efeito da pigmentação e dos fenóis da casca, embora deixar as uvas banhadas em seu suco por um tempo curto antes de prensá-las possa intensificar os sabores e as texturas.

TINTO

Feito de uvas tintas; pode ter adição de pequena porcentagem

de brancas. As uvas precisam descansar com a casca para que o vinho adquira cor e estrutura, e em geral a prensagem ocorre entre uma e quatro semanas após a esmagadura das uvas. Há técnicas variadas: por exemplo, em certos vinhos, que sofrem maceração carbônica ou semicarbônica, cachos inteiros das uvas fermentam sem ser esmagados — o peso das uvas no topo do tanque esmaga as do fundo.

ROSÉ

Feito sobretudo de uvas tintas, seja prensando levemente após um curto contato com a casca (por isso a cor rosada, e não vermelha), seja pelo sangramento (*saignée*) do suco de um tanque de uvas tintas e posterior fermentação. Raras vezes é feito da mistura de uvas brancas e tintas.

"LARANJA"

De uva branca, feito como se fosse tinto; o suco fica em contato com a casca por semanas ou meses para ganhar textura e cor. O processo pode ser oxidativo (ver abaixo) ou não.

OXIDATIVO

Processo em que o vinho é feito com exposição ao oxigênio. Isso não significa que está *oxidado* (p. 54), e muitas vezes é o exato oposto. A exposição ao ar, em especial antes da fermentação, pode ajudar a proteger o vinho contra a ação maléfica do oxigênio, assim como a técnica de envelhecimento biológico.* Alguns xerezes e muitos vinhos feitos em recipientes antigos como ânforas incorporam o envelhecimento oxidativo.

ESPUMANTE

Vinho com bolhas. Ver p. 36.

---

* O envelhecimento "biológico" envolve a formação de um "véu" protetor de leveduras sobre o vinho em questão. O xerez fino e alguns vinhos do Jura são feitos assim.

REGRA 13

Nem todos os espumantes são iguais.

Há muitos modos de criar a efervescência de um vinho. Nem todos produzem bebidas da mesma qualidade — e não precisam fazê-lo —, mas vale a pena compreender os métodos mais significativos para saber por que o prosecco é diferente da cava, por exemplo.

Um comentário sobre a pressão:
Nem todos esses vinhos têm o mesmo nível de bolhas; a quantidade de gás carbônico (em geral, quanto mais CO_2, mais bolhas) pode variar bastante. O champanhe normalmente fica entre cinco ou seis bars (ou atmosferas), embora hoje muitos sejam menos frisantes que isso, para destacar mais os sabores. O prosecco em geral tem menos. Os vinhos com até 2,5 bars são chamados de frisantes; os acima disso, de espumantes.

Um comentário sobre o açúcar:
Muitos espumantes recebem açúcar para ficarem mais suaves. Por isso se fala em "brut", que legalmente (pelo menos na Europa) indica doze gramas de açúcar por litro, embora varie. "Extra brut" é o espumante com seis gramas ou menos. Já "brut nature" indica que não houve adição. "Extrasseco", "seco", *"demi-sec"* e "doce" são vinhos cada vez mais *doces*, o que é bastante confuso. As vinícolas dos Estados Unidos seguem esses critérios, mas não há regras oficiais quanto à rotulação.

O MÉTODO TRADICIONAL

Usado em Champanhe e em muitas regiões ao redor do mundo. A garrafa é preenchida com um vinho base normal, depois acrescenta-se açúcar e leveduras, possibilitando que uma segunda fermentação ocorra dentro da garrafa, formando as bolhas. Um envelhecimento prolongado — pelo menos quinze meses em Champanhe ou mais — leva a bolhas finas e enriquece o vinho. A cava é feita desse jeito. O processo em geral termina com o *dégorgement* — remoção de quaisquer leveduras restantes, às vezes com a adição de um pouco de açúcar, e fechamento com rolha.

O MÉTODO CHARMAT

O vinho de base é colocado em um grande tanque, ao qual são adicionados o açúcar e as leveduras. A segunda fermentação ocorre no tanque, e o vinho é engarrafado em seguida. Usado em vinhos menos refinados, como o prosecco.

CARBONATAÇÃO

Dióxido de carbono é acrescentado ao vinho comum em um tanque pressurizado. Usado em vinhos relativamente baratos (e em uma série de projetos de vanguarda, como o vinho californiano Blowout).

O MÉTODO ANCESTRAL (*PÉTILLANT-NATUREL*)

Em vez de duas fermentações, como o champanhe, neste método o vinho é posto na garrafa enquanto ainda fermenta (ou durante uma pausa na fermentação), de modo que as bolhas de gás carbônico sejam geradas pela mesma fermentação. Isso permite o uso de leveduras encontradas naturalmente no vinhedo, em vez de acrescentadas ao suco da uva). Antes da chegada dos *pét-nats*, esse método era praticado em regiões da França como Limoux e Bugey.*

---

* Há discussão sobre o que constitui um *pét-nat*, já que versões modernas desse método dependem do *dégorgement* e até da adição de leveduras. Os puristas insistem que vinhos *pét-nat* não podem passar pelo *dégorgement*, mas essa disputa me parece infrutífera.

"Orgânico" significa exatamente o que parece: as uvas foram cultivadas de maneira orgânica, com certificado. (Muitos produtores de vinho, no entanto, usam uvas orgânicas sem certificação — são cultivadas segundo práticas orgânicas, mas sem passar pelo processo burocrático de obtenção do selo.) Vinho orgânico não é o mesmo que vinho feito de uvas orgânicas: a certificação também envolve as práticas da cave, com pouquíssimo uso de dióxido de enxofre como conservante. A agricultura biodinâmica é ainda mais particular e pode ser certificada por organizações como a Demeter e a Biodyvin, ainda que um número crescente de produtores use práticas biodinâmicas, mas ignore a etapa da certificação. Os vinhos biodinâmicos certificados têm regras estritas — por exemplo, proíbem métodos técnicos para reduzir os níveis de álcool. "Sustentável" não significa muita coisa — grupos como a coalizão ambiental Salmon Safe pedem a seus membros que adotem práticas de sustentabilidade bastante rígidas. A categoria "vinho natural", ainda que não tenha uma definição rígida, se tornou bastante popular (p. 41). Em geral, minimiza-se a adição de qualquer componente e o processamento durante a produção do vinho. Como acontece com os alimentos, "natural" tem pouca regulação na maioria dos lugares.

REGRA 14

"Orgânico" e "biodinâmico" não são a mesma coisa que "natural".

REGRA 15

"Malolático" pode ser um termo complicado, mas na prática é simples.

Você pode ouvir falar sobre fermentação malolática, que é quando o ácido málico (pense na acidez da maçã verde) se converte em um ácido láctico estável (pense no iogurte) por ação de uma bactéria que surge naturalmente ou é acrescentada pelo produtor.

Esse termo é usado para descrever uma textura mais cremosa em vinhos brancos, podendo indicar aromas amanteigados e ricos — e de fato vinhos que passam pela malolática podem ser mais cremosos. Mas também é um processo natural para a maior parte dos tintos e muitos brancos. (Algumas uvas brancas, como a riesling, são menos propensas a esse tipo de fermentação.)

Acreditava-se que a fermentação malolática tornava vinhos brancos, especialmente chardonnays, redondos e suaves demais, então os produtores impediam a conversão para manter o frescor e a acidez (o que, em geral, significava filtrar o vinho para mantê-lo estável). Mas hoje não há regras rígidas. Um chardonnay que passa pela malolática pode ser mais ácido que outros que não passam.

Então, sim, o termo às vezes indica uma untuosidade relativa no vinho. Mas outros tipos de ácido (como o tartárico, que é muito mais estável) podem fazer uma diferença maior no sabor e na textura. Por isso é importante não confundir química com gosto.

REGRA 16

A maior parte dos vinhos é e não é "natural".

O vinho é natural no sentido de que não passa de suco de uva fermentado, sem acréscimo de sabores ou corantes artificiais.

Mas, a partir daí, as coisas se complicam. A ideia de que o vinho é simplesmente o resultado de esmagar uvas e fermentar o suco é arcaica — e excêntrica. O processo moderno de produção de vinho envolve muitos ajustes e até modificar sua química de maneiras que podem ser artesanais, mas muitas vezes são industriais.

Isso pode incluir o controle da acidez através do acréscimo de ácidos orgânicos que poderiam ou não ocorrer naturalmente no vinho (o ácido cítrico, por exemplo, não é típico da uva), assim como da adição de leveduras colhidas comercialmente, de nutrientes para elas e de enzimas que ajudam na fermentação. O dióxido de enxofre, que é um conservante, é rotineiro na produção de vinhos (p. 44). O governo norte-americano, por exemplo, permite dúzias de outros aditivos, de goma-arábica a farinha de soja.

Por isso, o processo de envelhecer vinho é manipulativo. Barris e tanques de aço inox são avanços tecnológicos análogos ao fogão em relação à fogueira.

E o vinho é rotineiramente processado antes de ser engarrafado, o que inclui colagem (adição de alguma substância ao vinho para precipitar as partículas em suspensão) e filtração. Essas duas etapas costumavam ter uma reputação ruim por tirar a personalidade do vinho, mas nenhuma delas estraga a qualidade; na verdade, alguns vinhos, incluindo o xerez e muitos brancos que não passam pela conversão malolática (p. 40), requerem uma leve filtração.

É precisamente por causa desses processos, e do escrutínio que sofrem, que o movimento do vinho natural emergiu. Não há uma definição-padrão para essa expressão, mas em geral abarca vinhos que evitam muitos desses processos. Mas nem os naturalistas chegaram a um consenso quanto às regras.

Por fim, com frequência há interesse na procedência vegana do vinho. Muitos produtos animais são utilizados na fabricação da bebida (bexiga de esturjão ou ovo para a colagem, por exemplo), embora alguns produtores possam evitá-los para fazer um vinho "vegano". Mas mesmo assim (sinto muito!) insetos e outros animais pequenos podem acabar presos nos engaços das uvas e esmagados no mosto. Como eu disse, é complicado.

ESTILOS DE PRODUTORES

"Natural" radical Purista Moderado Comercial Industrial

ESTÁGIOS DA PRODUÇÃO

ANTES DA FERMENTAÇÃO

- Desengace
- Resfriamento
- Obtenção do suco
- Adição de ácidos
- Adição de dióxido de enxofre
- Adição de água/açúcar
- Lisozima/antimicróbicos

FERMENTAÇÃO

- Fermentação em barril
- Levedura indígena
- Levedura comercial
- Maceração carbônica
- Fermentação com casca
- Fermentação do cacho inteiro
- Adição de enzimas
- Controle de temperatura

ENVELHECIMENTO

- Adição de textura
- Chips de carvalho/pó de tanino
- Bloqueio da fermentação malolática
- Fermentação malolática natural
- Micro-oxigenação
- Corte (mistura de vinhos)

FINALIZAÇÃO

- Spinning cone
- Centrifugação
- Engarrafamento
- Dégorgement (espumantes)
- Dióxido de enxofre (engarrafamento)

PRÉ-ENGARRAFAMENTO

- Megapurple
- Velcorin
- Clarificação e estabilização
- Filtração básica
- Osmose reversa
- Trasfega

REGRA 17

Não se preocupe com os sulfitos.

O aviso "Contém sulfitos" aparece em quase todas as garrafas de vinho, porque essa é uma substância que ocorre naturalmente nele, em geral como subproduto do processo de fabricação. Historicamente, pequenas quantidades de dióxido de enxofre foram acrescentadas para ajudar a prevenir a oxidação e deterioração das uvas e do vinho. E por "historicamente" quero dizer que isso remonta aos antigos romanos, que queimavam enxofre para higienizar os barris de vinho.

Os sulfitos com frequência são apontados como responsáveis pela dor de cabeça e por outros efeitos adversos do consumo de vinho. Mas pouquíssimas pessoas, cerca de 1% da população dos Estados Unidos, têm de fato alergia ou sensibilidade a eles. A maioria dos efeitos colaterais negativos do vinho é causada por outros fatores: reação à estamina, propensão à enxaqueca e, claro, o álcool em si. O que você talvez imagine ser um problema causado pelo sulfito provavelmente não é. (Se você fosse sensível ao sulfito, frutas secas, sucos industrializados, vinagre de vinho, a maior parte dos picles e chá em pó também seriam um problema.)

Alguns produtores fazem vinhos sem enxofre. Eles costumam ser de boa qualidade, mas há pouco além de anedotas para demonstrar que têm um efeito diferente em quem os bebe. (O uso de dióxido de enxofre no cultivo da uva e nos vinhedos, no entanto, parece ter impacto na saúde dos trabalhadores envolvidos e requer manejo cuidadoso, o que talvez explique por que alguns produtores não querem usá-lo.) Os vinhos europeus não têm menos sulfitos que os do Novo Mundo — isso é só um mito, embora a regulamentação da União Europeia em geral tenha limites mais baixos que os Estados Unidos.

Nem com um vinho ligeiramente opaco. Os cristais são de ácido tartárico, que ocorre naturalmente no vinho e pode precipitar se a garrafa esfriar muito rápido. Esses cristais são inofensivos e essencialmente o mesmo que cremor tártaro. A opacidade pode ocorrer em vinhos não filtrados cuja temperatura de resfriamento não foi estabilizada; é um sinal de que a bebida sofreu o mínimo de manipulação antes de ser engarrafada. (Alguns vinhos naturais podem ser muito opacos; isso talvez seja incômodo a princípio, mas não necessariamente diz algo sobre sua qualidade.)

REGRA 18

Não se preocupe com os cristais no fundo da garrafa.

REGRA 19

Vinho seco não é tão seco quanto se pensa.

"Seco" é um dos termos mais mal utilizados no mundo do vinho. Todo mundo acha que prefere vinho seco, mesmo que aprecie um pouco de doçura.

Muitos vinhos de mesa, sobretudo da Europa, são categoricamente secos — ou seja, não apresentam açúcar residual (p. 22). Mas muitos vinhos populares têm um pouco de açúcar escondido, às vezes disfarçado por níveis elevados de acidez. (Assim, ele tanto refresca o paladar quanto aplaca sem alarde o desejo por doce.) Nos vinhos de supermercado, principalmente, há uma tendência ao uso de mais e mais açúcar.

O estilo de chardonnay que se popularizou na Califórnia nos anos 1980 contava com um pouco de açúcar residual. O sauvignon blanc da Nova Zelândia costuma ser similar. Um cabernet popular do Napa tem nove gramas de açúcar por litro de vinho, o bastante para ser considerado *demi-sec* na Alemanha.

Açúcar e acidez se equilibram, e é por isso que países como a Alemanha e a Áustria utilizam ambos para definir se um vinho é seco ou não. O que realmente importa é como a doçura age em termos de acidez, textura, paladar e olfato.

Então não se preocupe em insistir que gosta de vinho seco.

Carvalho é um tema controverso. Os conhecedores reclamam que alguns vinhos têm carvalho demais (quando se detecta seu sabor ou o dos taninos ásperos que às vezes são extraídos dele), mas há quem aprecie o gosto adocicado de baunilha associado ao envelhecimento na madeira.*

Antes da popularização do engarrafamento, o transporte era feito em barris de carvalho — que eram (e ainda são) reutilizados, em razão do custo de um novo. Produtores de Bordeaux e de outras regiões perceberam que a bebida envelhecia melhor em barris novos e às vezes tostados, então passaram a comprá-los. Quando os críticos começaram a premiar vinhos pelo sabor de carvalho novo (a cada uso a madeira contribui menos para o sabor final), o hábito de adquirir barris se propagou. Mas o número de vinhos que se beneficiam de carvalho novo é pequeno, e muitos dos melhores produtores usam barris tostados — ou mais antigos, para minimizar o sabor.

Está cada vez mais em voga ressaltar os sabores do *vinho*, e não da madeira, embora muitas vinícolas, sobretudo as que produzem vinho barato, o saborizem com chips de carvalho e serragem. Um lembrete importante: um vinho com toque de carvalho é um vinho com adição de sabor.

REGRA 20

Não se apegue ao sabor de carvalho; o propósito original era só armazenamento.

* Há muito debate quanto ao *tipo* de carvalho, em especial se francês ou norte-americano. O primeiro costuma ser associado a vinhos refinados, enquanto o segundo é relacionado a sabores mais agressivos e adstringentes. Nunca é tão simples, claro, especialmente conforme outros carvalhos (croata, austríaco) se tornam mais populares e os produtores buscam um sabor menos acentuado de madeira.

TONEL → Grande recipiente de madeira, em geral feito de carvalho ou castanheiro, utilizado historicamente para envelhecimento na cave. Muitas vezes preferido para a produção mais tradicional.

OVO DE CONCRETO → Um toque moderno no uso tradicional do concreto para fermentação e envelhecimento, que permite que o vinho circule com maior facilidade. Agora é feito em outros formatos, como cilindros e pirâmides.

ÂNFORA → Vaso antigo de argila, originalmente usado para transporte e armazenamento. Recipientes similares (às vezes chamados de *qvevri*) eram utilizados para a fermentação, e seus diferentes formatos estão na moda para fermentação e envelhecimento.

BARRIL → Recipiente menor, em geral de carvalho, cujo propósito original era transportar, mas agora usado para envelhecer o vinho.

REGRA 21

A acidez pode ser a qualidade mais importante do vinho.

Costumamos salientar muito os sabores do vinho. Eles são importantes, mas nem sempre são específicos: quantos vinhos com sabor de cereja você já provou? Também podem nos distrair de um de seus componentes essenciais: a acidez. (Os produtores se preocupam bastante com ela; se não for suficiente, acrescentam um pouco artificialmente.)

A *acidez* é o que torna um vinho vívido e gostoso, é o que faz a boca salivar, e é o motivo pelo qual essa bebida combina tão bem com comida (ajuda a limpar o paladar e auxilia a digestão). Um bom vinho não tem sabor pungente, mas complementa o alimento com sua acidez, da mesma forma que o vinagre, o ketchup e o limão.

Detectar a acidez é difícil, porque ela *acentua* todos os sabores. Quando há equilíbrio, ela os realça sem se destacar — assim como os altíssimos níveis de acidez no suco de laranja ou na coca-cola, que não incomodam. Um pouco de açúcar no vinho ajuda a equilibrar a acidez; é por isso que o riesling alemão levemente doce pode parecer mais frutado que doce (p. 22). Mesmo tintos encorpados como o zinfandel precisam de acidez para que os sabores de fruta permaneçam frescos.

Um vinho pode ser frutado ou não, mas qual é a sensação dele na boca? É cremoso (um sinal de que pode ter passado pela fermentação malolática, p. 40) ou cortante? Se tiver taninos, são sutis ou agressivos, raspando na sua boca, como chá velho? É por isso que palavras como "suave" não dizem muito sobre um vinho além da ausência suficiente de qualquer outra característica. E lembre-se de que a *densidade* de um vinho — a concentração dos sabores e de outros aspectos — não é o mesmo que textura. Um vinho pode ser cremoso e, ainda assim, aguado.

REGRA 22

Textura talvez seja a segunda qualidade mais importante do vinho.

Imaginamos o vinho como um produto homogêneo, mas as garrafas podem apresentar variações, ainda que do mesmo rótulo e da mesma safra. Isso se deve a muitos fatores, como a exposição ao calor e à luz durante o armazenamento, a qualidade da rolha (que nem sempre é uniforme) e até a maneira como o vinho é transportado. E, por ser vivo — o vinho evolui e amadurece na garrafa —, ele pode reagir de maneiras diferentes em condições similares. Melhorias nas rolhas e no transporte diminuíram a importância dessa questão, mas não se surpreenda se você pedir uma segunda garrafa e o sabor for um pouco diferente.

REGRA 23

Uma garrafa de vinho nunca é igual a outra.

REGRA 24

Não tema a doçura. (Sério!)

* Ele está entre os vinhos às vezes afetados pelo fungo desejado (podridão nobre) chamado *botrytis*, que seca as uvas e concentra tanto acidez quanto doçura.

** Historicamente, alguns vinhos, sobretudo os franceses, eram submetidos à chamada chaptalização, a prática de adicionar açúcar à fermentação para ampliar os níveis de álcool. Uma consequência indesejada da mudança climática é que muitos produtores fazem isso com menor frequência, porque as uvas tendem a amadurecer mais do que no passado.

A doçura pode ser associada a vinhos baratos como o white zinfandel, mas não quero que você pense que ela é algo *ruim*. Alguns dos melhores vinhos do mundo são doces, incluindo sauternes e colheitas tardias de rieslings alemães.*

Ingerimos uma porção de outras bebidas doces — suco de caixinha, chá industrializado, refrigerante. Pelo menos o açúcar do vinho tem o benefício de ser uma parte natural do seu processo de fabricação (em teoria).** É tudo uma questão de equilíbrio e de gosto.

A verdadeira questão é *quando* tomar um vinho doce e, mesmo para os amantes de vinho, a resposta em geral é: raramente. Garrafas de vinho de sobremesa às vezes envelhecem sem querer porque nunca encontramos o momento certo de abri-las. Na verdade, não é muito interessante servir um vinho de sobremesa com a sobremesa, a não ser que seja algo leve e vivaz, como um moscato d'Asti. Mas bons sauternes podem acompanhar lagosta e até carne vermelha, se não forem muito jovens ou doces demais. Riesling meio-seco fica maravilhoso com qualquer tipo de comida, até mesmo churrasco ou pizza. E não tem nada de errado em o vinho *ser* a sobremesa. Na verdade, não tem nada de errado em beber vinho sempre que quiser.

Vez ou outra, todos nos deparamos com um vinho imperfeito no aroma ou no sabor. Não é preciso ser especialista no assunto para perceber isso, e nenhum vinho vai lhe fazer mal, mas vale a pena entender as causas mais comuns, listadas nas pp. 54-5.

Em geral, os vinhos são muito mais bem-feitos do que 25 anos atrás, mas, mesmo com os avanços da ciência, eles ainda caem nas antigas armadilhas.

A maioria dos profissionais não perde tempo discutindo imperfeições, a menos que sejam propagadas como "personalidade". A melhor abordagem é questionar o garçom ou o vendedor, com toda a educação. Pode ser que a garrafa seja trocada, mas às vezes serve só como aprendizado.

Para aprender a identificar imperfeições simples, peça ajuda a um vendedor ou sommelier. Pode ser que eles tenham uma garrafa com problemas aberta, aguardando para ser devolvida. (Costumam ser reembolsados nesses casos.) Se quiser algo mais avançado, compre um kit de aromas Le Nez du Vin.

A regra-chave é: *fale* assim que notar algo errado. Cliente que tenta devolver a garrafa pela metade não costuma ser bem-visto.

REGRA 25

Imperfeições são inevitáveis; não se incomode.

FALHAS COMUNS

VINHO BOUCHONNÉ
Quando está contaminado por TCA e TBA. Esses compostos relacionados ao cloro e ao bromo aparecem na cortiça e podem ser formados na presença de certos produtos de limpeza. Em geral, acontece por causa da rolha, embora seus fabricantes tenham se mostrado dispostos a reduzir o problema. Em casos raros, pode afetar a adega em si.
→ SINTOMAS **O vinho tem cheiro e gosto de papelão molhado, cachorro molhado ou caverna úmida.**

VINHO "COZIDO"
Acontece quando um vinho é exposto a temperaturas excessivas e perde o frescor. Alguns vinhos, notadamente o madeira, são feitos assim, de modo que vinhos que sofreram esse impacto podem ser chamados de madeirizados.
→ SINTOMAS **Tem cheiro e gosto rançoso, de uva-passa ou frutas secas.**

VINHO OXIDADO
Quando é exposto a muito oxigênio.
→ SINTOMAS **Sabor de ferrugem; acontece com garrafas deixadas abertas ou envelhecidas demais.**

BRETTANOMYCES (BRETT)
Um tipo de levedura natural que pode ser utilizada com sucesso em algumas cervejas, mas que no vinho costuma ser desagradável, embora algumas pessoas gostem do efeito se usada em pequenas quantidades. Não se pode devolver um vinho por isso, mas certamente é possível questionar o julgamento de quem o vendeu a você.
→ SINTOMAS **Tem cheiro e gosto de estábulo, band-aid ou das partes mais desagradáveis de um cavalo.**

REDUÇÃO
Quando um vinho retém compostos com enxofre que impactam seu aroma e seu sabor, em geral por falta de oxigenação durante o processo de fabricação. Alguma redução é natural (certa falta de oxigênio protege o vinho), e os efeitos podem diminuir com o tempo e o ar, e é por isso que se fala em deixar o vinho respirar. Mas às vezes os compostos já fazem parte da estrutura do vinho e não se dissipam nunca.
→ SINTOMAS **Cheiro de esgoto, cebola, ovo podre ou fósforo queimado — tudo que pode ser associado a enxofre.**

SABOR DISTINTO
Um sabor distinto do original também pode ser causado pela presença de brettanomyces ou lactobacilos. Parece ocorrer com mais frequência em vinhos sem enxofre, principalmente aqueles engarrafados rápido; ainda não há correlação direta, mas isso é um tópico de discussão na comunidade dos vinhos naturais.
→ SINTOMAS **Sabor descrito como "gaiola de rato" (*mousiness*), bolacha molhada, cereal velho. Com frequência aparece no retrogosto do vinho.**

EXPOSIÇÃO À LUZ
O vinho em garrafas claras pode ser impactado tanto pela luz natural quanto pela artificial (azul ou ultravioleta), gerando compostos como o dimetil dissulfeto. Acontece mais no vinho rosé e no espumante. Ainda não é muito discutido, embora a indústria esteja começando a reconhecer como um problema sério, encorajando a utilização de garrafas e armazenamento mais escuros. (Procure guardar seus vinhos em locais com pouca iluminação.)
→ SINTOMAS **Gosto de casca de alho, esgoto, repolho cozido. Se o aroma de um rosé está particularmente malcheiroso, a exposição à luz deve ser a causa.**

OUTROS...
Acidez volátil (sabor de vinagre), acetato de etila (removedor de esmalte), garrafas batidas (sabores suprimidos) e bactérias (cocô de nenê e outros sabores desagradáveis).

3

COMO ESCO-LHER

REGRA 26

Preço raras vezes reflete qualidade.

O vinho quase nunca é precificado pelo valor do que está dentro da garrafa. Questões econômicas diversas — do custo da terra à reputação da região — interferem. E, é claro, o verdadeiro valor está nos olhos de quem bebe.

Há vinhos que são uma boa surpresa (de lugares como Austrália, Chile e propriedades desconhecidas de Bordeaux) e aqueles que não têm como fazer jus ao preço (vinhos cultuados da Califórnia, alguns borgonhas e por aí vai). É claro que todos queremos aqueles do primeiro tipo, mas às vezes um gasto bem pensado vale a pena.

ALGUNS FATOS PARA SE TER EM CONTA

→ É difícil encontrar vinhos por até cinquenta reais que tenham personalidade e sejam bem-feitos. Até quarenta fica ainda mais difícil, já que são quase todos feitos por grandes corporações. Mas abaixo de oitenta fica fácil.

→ Poucos lugares no mundo podem justificar um vinho por mais de cem dólares. Só vale a pena comprar se você tiver feito a lição de casa antes (e só ver a pontuação dele não vale).

→ O melhor custo-benefício às vezes vem de lugares que saíram de moda. Você pode ser questionado, mas, depois que a garrafa for aberta, seu bom gosto vai ficar evidente (p. 77).

Como há literalmente milhares de tipos de uvas viníferas, é importante classificá-las de alguma maneira. Isso pode se tornar uma tarefa complicada (as árvores genealógicas dos cultivares das vinhas podem ser um labirinto), mas algumas das maiores famílias e seus membros mais significativos estão nas páginas 60-1.* Considere essa lista uma maneira simples de começar a organizar esse mundo.

REGRA 27

Conheça as famílias de uvas.

* Também há inúmeras famílias menores, como a jura (savagnin, trousseau, poulsard) e o porto (touriga nacional e tinta roriz, ou tempranillo). Como você já deve ter percebido, a política familiar das uvas é tão complicada quanto a das pessoas.

FAMÍLIAS DE UVAS

BORDEAUX
Cabernet sauvignon, merlot, cabernet franc, malbec, petit verdot, sauvignon blanc, semillon, muscadelle.

BORGONHA
Pinot noir, chardonnay, gamay noir, aligoté, pinot gris, pinot blanc.

RHÔNE E SUL DA FRANÇA
Syrah, grenache, mourvèdre, marsanne, rousanne, viognier, grenache blanc, counoise, vermentino, muscat, carignan, clairette, picpoul.

LOIRE
Chenin blanc, melon (ou seja, muscadet), grolleau, cabernet franc, côt.

NORTE DA ITÁLIA
A Itália tem centenas de variedades autóctones, com bem mais de quinhentas documentadas. Algumas essenciais do norte são: nebbiolo, sangiovese, corvina, lagrein, ribolla gialla, sauvignon blanc, pinot grigio, cortese, vermentino, garganega (ou seja, soave), moscato, lambrusco (muitas subvariedades), barbera, dolcetto, glera (ou seja, prosecco), schiava.

SUL DA ITÁLIA
Nero d'Avola, montepulciano, aglianico, falanghina, fiano, greco, primitivo, trebianno, nerello mascalese (ou seja, etna), cannonau.

ALEMANHA
Riesling, gewürztraminer, grüner veltliner, blaufränkisch, zweigelt, trollinger, chasselas, sylvaner.

PENÍNSULA IBÉRICA
Tempranillo, albariño, mencia, cariñena, mataro (ou seja, monastrell), touriga nacional, garnacha, palomino, macabeo e xarel-lo (ou seja, cava), hondarrabi zuri (ou seja, txakoli), verdelho, godello, baga, boal, loureiro, moscatel, pedro ximénez.

CENTRO/LESTE DA EUROPA

Assyrtiko e ximonavro (Grécia), furmint (Hungria), plavac mali e posip (Croácia), rkatsiteli e saperavi (Geórgia), e muitas outras.

NOVO MUNDO

Raríssimas uvas, além da pinotage da África do Sul, são claramente do Novo Mundo, embora algumas (como a malbec na Argentina) já estejam mais identificadas com seu novo lar. A zinfandel (originalmente uma uva croata chamada tribidrag) e a shiraz (ou seja, syrah), por exemplo, definitivamente mudaram de identidade.

Se a lista parece tender ao oeste da Europa, em especial à França, é porque quase todas as uvas viníferas cultivadas ao redor do mundo se originaram lá, de modo que, por mais californiana que possa parecer, a cabernet ainda é uma imigrante vinda de Bordeaux. Isso não a torna menos californiana; é só uma maneira de compreender suas raízes.

Em alguns casos, múltiplas regiões se declaram "donas" de uma mesma variedade. O estilo de vinho às vezes varia de acordo com a origem ou a inspiração original. Na Califórnia, por exemplo, pode-se encontrar cabernet franc inspirado tanto pelo Loire quanto por Bordeaux (e algumas versões que são sui generis). Além disso, muitas variedades atendem por nomes diferentes em diferentes regiões. Aqui vão alguns exemplos dos muitos sinônimos do mundo do vinho:

Zinfandel = Primitivo
Malbec = Côt
Trollinger = Schiava
Pinot gris = Pinot grigio
Grenache = Garnacha = Cannonau
Muscat = Moscato = Moscatel
Mourvèdre = Mataro = Monastrell
Carignan = Cariñena

REGRA 28

Denominações de origem envolvem mais que o local de produção do vinho.

Os conhecedores de vinho gostam de falar em denominações de origem, ou *appellations d'origine*, que são áreas específicas regulamentadas pelo governo onde as vinhas crescem. Apenas o vinho de uvas que crescem dentro de uma denominação pode usar o nome dela (por exemplo, Vosne-Romanée, Oakville) no rótulo. Isso é diferente do que simplesmente o lugar onde o vinho foi feito, porque não precisa estar dentro de uma *appellation*, podendo ser até mesmo dentro de um armazém na cidade, uma vez que as "vinícolas urbanas" já são uma realidade.

Alguns vinhos são rotulados de acordo com a localidade, como "Bordeaux" ou "Central Coast", que não necessariamente designa um único lugar. Um vinho marcado como "Califórnia" pode conter uvas que cresceram em vinte lugares, por exemplo.

No caso dos vinhos europeus, a denominação também pode implicar a maneira como eles são feitos. Alguns produtores preferem não utilizá-la. Muitos vinhos naturais franceses são marcados apenas como "vin de France" porque não seguem as regras da *appellation*. Outras denominações, como "Bourgogne Passetoutgrains" (uma mistura de pinot e gamay), especificam o tipo de vinho, mas cobrem uma ampla região geográfica.

Em outras palavras, as denominações de origem europeia de verdade envolvem um jeito específico de fazer vinho e não dizem respeito apenas ao tipo de uva (a chenin blanc é usada em Savennières; a syrah, em Côte-Rôtie), mas muitas vezes a métodos agrícolas, produção e limites geográficos precisos. As americanas (conhecidas como American Viticultural Areas, ou AVAs) especificam apenas geografia, como "Sonoma Coast"; por isso diferem do sistema adotado na Europa.

Por esse motivo, normalmente é mais fácil decifrar rótulos do Velho Mundo pela denominação de origem e do Novo Mundo pela uva. Na França, é raro (embora cada vez menos) que o nome da uva esteja no rótulo, então é preciso saber que o chablis é sempre feito de chardonnay (ou pelo menos é preciso saber o sabor dele). Fora da Europa, você começa na uva e depois parte para o lugar (um pinot noir do Oregon).

Mas não é tão simples. Muitas regiões europeias têm uma abordagem híbrida, como a Alemanha, onde a uva aparece no rótulo (por exemplo, riesling), ainda que seu sistema de denominação de origem (por exemplo, Wehlener Sonnenuhr, a vinícola Sonnenuhr na cidade de Wehlen) seja um dos mais precisos.

Avaliar o rótulo de um vinho nunca foi fácil; as regras para os vinhos do Novo Mundo (em geral baseadas na uva) eram diferentes daquelas para os vinhos do Velho Mundo. Mesmo na Europa, os rótulos de vinhos franceses e italianos (baseados na denominação de origem) eram diferentes daqueles da Alemanha (baseados em região, vinícola e uva), por exemplo.

Tudo isso antes da moda atual de colocar desenhos e design elaborados nos rótulos em detrimento de informações entediantes. As antigas regras ainda valem para vinhos que incluem o básico em letras miúdas, mas só na França, por exemplo, há centenas de vinhos que substituíram a *appellation* simplesmente por "vin de France" e um nome fantasia, dos mais sutis (como "Le Berceau des Fées" [o berço das fadas]) aos mais diretos ("You Fuck My Wine?!").

Portanto, hoje é tão importante saber o produtor e seu trabalho quanto memorizar denominações de origem, porque escolher o vinho agora envolve muito mais fatores — e, para ser franco, talvez sempre tenha envolvido.

REGRA 29

Julgar o vinho pelo rótulo é coisa do passado.

REGRA 30

Fique atento a vinhos de origem pouco clara.

O motivo de tantas minúcias quanto a denominações de origem é que o lugar — o terroir — é a maior razão pela qual há tanta agitação em torno do vinho. Ele importa. E há muitas supostas denominações de origem que dizem muito pouco; "Central Coast" abarca centenas de quilômetros da Califórnia, o que não é problema no caso de um vinho barato do dia a dia, mas quando você se dispõe a pagar por algo único é.

Fique atento diante de nomenclaturas que não indicam um lugar preciso no mapa. "Sonoma Coast" pode se aplicar a um pinot noir fantástico, mas abarca metade de um condado. Quanto menos específico o lugar, maior a probabilidade de o vinho reunir uvas que não foram cultivadas no mesmo terreno — ou seja, mais ele se aproxima de um fast-food.

Houve um tempo em que "engarrafado na propriedade" indicava o vinho produzido pelas mesmas pessoas que cultivavam a uva. Mas, com algumas exceções, não significa mais isso — principalmente em um mundo em que muitos dos melhores produtores não podem arcar com os custos de um vinhedo próprio. Isso não se consta apenas em lugares como a Califórnia mas também na Borgonha, onde os principais produtores compram uvas. (O termo *domaine* equivale a "engarrafado na propriedade"; *maison* é a alternativa para estabelecimentos *négociant* que compram uvas ou o vinho pronto.) Muitos produtores importantes optam por trabalhar nas cidades, distante das vinhas. O que importa mesmo é onde as uvas crescem (p. 62), não onde são fermentadas.

REGRA 31

"Engarrafado na propriedade" não significa nada.

REGRA 32

O mundo do vinho está sempre em expansão.

Nos anos 1950 e 1960, era relativamente fácil entender o vinho: ele vinha de lugares famosos, como Bordeaux, Borgonha e Chianti. Mas o gosto e a moda mudaram, e, conforme as técnicas da boa produção se disseminam por cada vez mais regiões, o mundo do vinho explode em diversidade.

Essas datas não são de quando as regiões foram *descobertas*, mas de quando adquiriram fama.

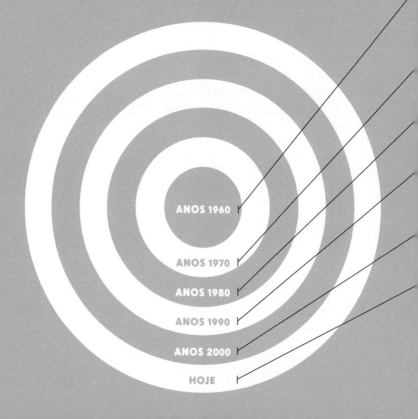

- ANOS 1960
- ANOS 1970
- ANOS 1980
- ANOS 1990
- ANOS 2000
- HOJE

- Bordeaux, Borgonha e Chablis, Loire clássico* (Muscadet, Sancerre, Pouilly-Fumé, Anjou, Chinon/ Bourgueil), Alemanha, Porto, Madeira, Jerez, Rioja, Champanhe, Châteauneuf-du-Pape,* Chianti,* Alsácia, Frascati

- Califórnia (costa norte e Sierra Foothills), Portugal, Provença, Toscana,* Piemonte (Barolo, Barbaresco, Barbera), Beaujolais, Lambrusco, Soave e Orvieto

- Oregon, costa central da Califórnia, norte do Rhône, Toscana, Soave, Vêneto, nordeste da Itália, Ribera del Duero, Rueda, vinho verde

- Argentina, Chile, Austrália, Grécia, Washington, sul do Rhône,* África do Sul (pós-apartheid), Nova Zelândia, norte da Itália, Portugal (vinhos secos), Languedoc, Roussillon

- Áustria, Ligúria, Priorat e Espanha regional, Sicília e sul da Itália, ilhas Canárias, Eslovênia, Líbano, Jura,* Savoie

- Geórgia, "Nova" Austrália, Galícia, Córsega, Arizona, Canadá, Croácia, "Nova" Alemanha (Baden, Württemberg etc.), "Novo" Loire, Japão e mais

---

*Nem todas as regiões eram desconhecidas antes de se tornarem populares, tampouco mantiveram sua popularidade. O norte do Rhône já era conhecido por seu vinho havia décadas antes de realmente se popularizar nos anos 1980, bem como a Córsega, mas era difícil de encontrar vinhos dessas regiões. O vinho alemão, uma grande força na primeira metade do século xx, lutou para manter sua popularidade conforme o mundo do vinho se diversificava. O mesmo se pode dizer do Châteauneuf mais recentemente.

REGRA 33

Saiba o que é grand cru — e quando importa.

Grand cru é um dos termos do mundo do vinho mais reverenciados e confusos. Literalmente, significa "grande cultivo" e pretende denotar as vinhas e os vinhos mais importantes, mas é mais complicado que isso, pois a expressão tem significados diferentes dependendo do lugar.

Premier cru, ou "primeiro cultivo", pode ser ainda mais confuso; em geral, indica um vinho de boa qualidade, um degrau abaixo de grand cru, mas também pode significar outras coisas (sobretudo em Bordeaux). Aqui vai o que esses termos significam em diferentes regiões:

BORGONHA

Um lugar em que a definição de grand cru é inquestionável (ou quase). Indica os melhores vinhedos, conforme definido pelas regras da denominação de origem. Leva apenas a qualidade do vinhedo em consideração, independentemente de produtor ou vinícola. Embora não seja perfeita, a hierarquia foi refinada ao longo de centenas de anos. Significa a mesma coisa em Chablis, território ao norte.

ALSÁCIA

Aqui grand cru denota os melhores vinhedos, mas "melhor" é algo complicado na Alsácia, que conta com 51 grand crus (contra pouco mais de trinta na Borgonha). Alguns grand crus alsacianos são definitivamente melhores que os outros vinhos da região, mas nem todos. A única certeza é de que serão mais caros.

BORDEAUX

Cru é um termo para as vinícolas, não para o terroir ou um lugar específico, embora lá eles aleguem que é tudo a mesma coisa. O famoso sistema de classificação de 1855 é de certa forma o reverso de Borgonha: só os poucos vinhos top de linha da margem esquerda da região são considerados premier crus, e os cinco níveis de classificação são considerados grand crus. (Alguns vinhos premier cru, como o Château Margaux, são classificados como premier grand cru classé.) Na margem direita, em Saint-Émilion, os top de linha são designados premier grand cru classé A (também há os classé B), ao passo que grand cru na verdade é uma classificação modesta. Parece confuso? E é, porque a classificação em Bordeaux é um troço ridículo. (Talvez seja por isso que as pessoas estão sempre se processando por lá.)

CHAMPANHE

Grand cru denota uvas de vilarejos que receberam o status de mais alta qualidade, baseado originalmente no preço das uvas de cada um. Ainda é usado para comparar vilarejos, e não vinícolas, o que é tão impreciso quanto parece.

ALEMANHA

A versão alemã de grand cru, *Grosses Gewächs*, denota os vinhos de vinhedos que foram escolhidos como os melhores vinhedos nos anos 2000 — mas, até recentemente, os vinhos só podiam ser feitos de determinada maneira (muito secos) e quase que só de riesling. E nem todos participam desse esquema, então alguns dos melhores vinhos alemães não são necessariamente rotulados de acordo com essa nomenclatura.

ITÁLIA

O país até agora procurou evitar o assunto, embora os italianos sempre ameacem criar seu próprio sistema. (Eles usam outros termos para determinar o vinho de qualidade, como *superiore*, *classico* e *classico superiore*, que são igualmente confusos.)

NOVO MUNDO

Ainda não há uma classificação, embora sempre haja conversas sobre sua criação, especialmente no vale do Napa. Uma vinícola norte-americana cometeu o erro de colocar "grand cru da Califórnia" em seus rótulos, mas parou assim que virou motivo de piada.

REGRA 34

Saiba a importadora de seus vinhos favoritos e a diferença entre importadora e distribuidora.

O caminho que um vinho de outro país percorre até chegar às suas taças é longo. A *importadora* seleciona os vinhos (às vezes com a ajuda de um agente) e resolve os trâmites para que sejam trazidos ao país. Seu nome deve aparecer obrigatoriamente na parte de trás do rótulo. Já a *distribuidora* é responsável por comprar vinho de (em geral) importadores (embora algumas possam importar diretamente) e vender a restaurantes e lojas. O nome da distribuidora não aparece em lugar nenhum.

Conhecer boas importadoras é uma das melhores maneiras de descobrir vinhos da mais alta qualidade, especialmente considerando que a consolidação do mercado dificultou saber se um vinho vem de uma grande corporação ou de um pequeno produtor. Importadoras e lojas independentes tendem a se especializar em vinícolas que trabalham em escalas menores, então descubra algumas de que gosta. No Brasil, algumas opções são Saint Vin Saint, Juss Millesimes, Wines4U, Piovino e Alain Ingles.

REGRA 35

Quer comprar uma caixa? Compre mista.

A maioria das lojas vai dar pelo menos um desconto pequeno se você comprar uma dúzia de garrafas ou mais. Mas não compre doze vinhos iguais! Aproveite a oportunidade para construir uma amostra que lhe permita explorar. Melhor ainda: peça ajuda para montar uma seleção, seguindo um tema (brancos para a primavera, tintos para a praia, uvas exóticas da Itália etc.). As boas lojas contam com vendedores que vão adorar ajudá-lo.

REGRA 36

Vinho branco costuma valer mais a pena.

O vinho branco tem a reputação de ser mais simples. Não sei de onde surgiu, mas não acredite nisso.

Para começar, alguns dos melhores vinhos do mundo são feitos de uvas brancas: o montrachet da Borgonha, por exemplo. E alguns são notavelmente bons, como o mosel alemão ou o santorini da Grécia, e até mesmo o bordeaux branco. A relação custo-benefício costuma ser melhor, e fica mais fácil explorá-los porque tendem a ser mais baratos.

Se a produção de vinhos brancos já foi simplificada, hoje ela é levada muito a sério. Os brancos modernos têm uma gama de texturas e sabores tão ampla quanto os tintos. Além disso, a maior parte das uvas brancas custa menos para o produtor e é mais fácil de manipular, de modo que o rendimento é maior. E, como ninguém se dá ao trabalho de aprender sobre vinhos brancos, você logo vai se tornar o especialista da mesa.

White Zinfandel. Merlot. Pinot grigio. Muscadet. Prosecco. Lambrusco. Suas versões costumam ser de baixo nível, entediantes, industrializadas.

Só que cada um deles é tratado com grande respeito por pelo menos alguns produtores. O white zinfandel já foi um rosé sério, e alguns californianos o estão tratando como tal de novo. O merlot ganhou uma reputação ruim no começo dos anos 2000, talvez não descabida, mas é responsável por alguns dos melhores vinhos da margem direita de Bordeaux, incluindo o lendário Château Pétrus. Os melhores pinot grigios do norte da Itália e da Eslovênia têm a profundidade de um ótimo borgonha. E há prosecco sendo vendido hoje com tanta diligência quanto o champanhe, não apenas para que se possa beber em maiores quantidades. E por aí vai.

REGRA 37

Há alguns vinhos que você pode deixar para lá (mas não muito).

REGRA 38

Planeje o começo de uma coleção.

Ter uma coleção de vinhos não é só para esnobes e não precisa ser uma tarefa difícil. Escolha algumas garrafas que você gostaria de experimentar daqui a mais de uma semana. Compre mais de uma garrafa do mesmo vinho para que você possa degustar ao longo dos anos ou compre uma caixa mista de vinhos envelhecidos de diferentes lugares. O truque para não estourar o orçamento é não só procurar alguns lugares menos comuns mas também escolher vinhos mais modestos de regiões com uma reputação de vinhos que envelhecem bem.

Fique de olho nos seguintes vinhos: langhe nebbiolo e gattinara do Piemonte, que são menos caros que seus irmãos mais velhos, os barolos; bordeaux de regiões mais distantes do rio, como Fronsac e Bourg; cabernet franc e chenin blanc do Loire; carignan e zinfandels com mais nuances da Califórnia; chablis e borgonhas de denominações de origem menos conhecidas, como Fixin; fiano do sul da Itália; tintos e brancos de regiões recém-reveladas, como Etna na Sicília e Ribeira Sacra na Espanha. E alguns lugares, como a Alemanha, continuam a surpreender. Só se certifique de ter onde guardar suas garrafas (p. 102).

Vinho é moda, e a moda pode ser inconstante. Alguns vinhos — como o merlot — ficam com fama de cafonas, e esse pode ser o melhor momento para descobri-los. Muitas vezes são baratos, e as piores versões tendem a desaparecer das prateleiras. (O lado bom do ódio ao merlot foi que o vinho melhorou bastante.)

Uma lista curta de vinhos que vale a pena explorar agora: de pequenos produtores da Austrália, do Chile, de regiões mais quentes da Califórnia, como Lodi, de Chianti, Rioja, Muscadet. E de uvas: merlot, semillon, sangiovese, viognier, grenache.

REGRA 39

O melhor momento para comprar um vinho é quando está fora de moda.

REGRA 40

Procurar um vinho específico costuma ser perda de tempo.

Talvez você tenha acabado de ler sobre um vinho que parece maravilhoso. Ou talvez queira recriar o momento perfeito daquela viagem. Ou guardou uma garrafa e quer abri-la. Há momentos em que o esforço vale a pena, mas com frequência vai terminar em frustração.

A questão é: mais do que qualquer outro produto, o vinho é vendido de maneira descentralizada — a maior parte das lojas não repete os inventários. (E, se você anda vendo o mesmo vinho com frequência, deve ter sido feito em larga escala por uma grande corporação.) Diversidade não é algo ruim; pense nela como se você pudesse passear em uma porção de ótimas lojas. Mas de fato dificulta encontrar uma garrafa em particular. A internet ajudou um monte, e muitas lojas podem encomendar o vinho que você deseja se estiver disponível. Mas, ao mesmo tempo, com tantos vinhos diferentes por aí, por que não aproveitar a emoção de algo novo? Por muitas décadas, a maioria das pessoas comprava com medo, e a ideia de tentar algo novo era preocupante. Deixemos esse tempo de trevas no passado.

Pode ser confuso saber o que é bom ou ruim em termos de vinho. Como acontece na moda, o gosto está sempre mudando. Vale a pena saber o que está na moda beber *agora*, mas isso não vai necessariamente torná-lo mais interessante ou informado. A matriz nas páginas a seguir pode ser útil nesse sentido.

REGRA 41

Nem todo vinho da nova onda é bom; nem todo clássico é ultrapassado.

- *Pét-Nat*
- "Nova" Califórnia
- Ribeira Sacra + tintos da Galícia
- Pinot noir da Califórnia (estilo "balanceado")
- Jura
- Champanhe (pequenas vinícolas)
- Córsega
- Beaujolais
- "Nova" Austrália
- Txakolin
- Barolo/barbaresco
- Valle d'Aosta
- Cava
- Norte do Rhône
- Brancos e tintos de Saumur
- Bierzo
- Brancos e tintos de Etna
- Brancos savennière e anjou
- Tintos sicilianos tradicionais
- Schiava/trollinger
- "Novo" Chile
- Outros brancos do Loire
- Chinon/bourgueil
- Brancos portugueses
- Muscadet
- Vermentino
- Brancos da Geórgia
- Carignan
- Brancos do Friuli
- Albarião
- Pinot noir do Oregon
- Prosecco (col fondo)
- Chardonnay da Califórnia (novo estilo)**
- Assyrtiko e outros brancos gregos
- Savoie
- Vinho verde
- Xerez**
- Rioja
- Chenin blanc da África do Sul

⟵ ─┤ TRADICIONAL ├─ ⟶

- Zinfandel tradicional
- Outros neozelandeses
- Tokaji/brancos da Hungria
- Madeira**
- Rousillon
- Verdicchio
- Alsácia
- Sauternes
- Tintos da Provença
- Soave
- Porto
- Chianti
- Riesling alemão
- Frascati
- Semillon
- Bordeaux branco

* = POPULAR DEMAIS ** = RETRÔ

MATRIZ DE POPULARIDADE DOS VINHOS

NA MODA ↑

- Tinto borgonha
- Rosé da Provença
- Branco borgonha
- Prosecco (comercial)
- Brancos austríacos
- Tintos austríacos
- Tintos de Washington
- Malbec argentino

← | **TÉCNICO** → →

- Sancerre*
- Tintos gregos
- Pinot noir da Califórnia (estilo sabor acentuado)*
- Champanhe (de grandes casas)
- Cabernets do Napa (a maior parte)
- Sauvignon blanc da Nova Zelândia*
- Sul do Rhône
- Pouilly-fumé
- Tintos do Languedoc
- Chardonnay da Califórnia (estilo anos 1990)*
- Zinfandel forte
- Bordeaux tinto
- White zinfandel**
- Brunello
- Ribera del Duero
- Pinot grigio (a maior parte)**
- Amarone
- Syrah australiano

FORA DE MODA ↓

REGRA 42

Não julgue uma garrafa pela tampa.

As rolhas de cortiça já foram consideradas a melhor (e, por muitos séculos, a única) maneira de fechar uma garrafa. Mas hoje bons vinhos têm tampa de rosca (*screw cap*) ou dos tipos mais variados. Na Austrália e na Nova Zelândia, por exemplo, as tampas de rosca se tornaram tão comuns que agora cortiça parece uma escolha estranha para a maioria. O *pét-nat* (p. 37) vem com uma tampa igual à de cerveja. Caixas, sacos e até latas se popularizaram. A indústria da cortiça passa por um período difícil devido aos vinhos bouchonné (p. 95), ainda que tenha feito muitos progressos, mas já não é uma garantia que o vinho com rolha de cortiça seja o melhor da prateleira.

4

COMO SERVIR E DES—FRUTAR

REGRA 43

Você deve estar servindo o vinho branco frio demais e o tinto quente demais.

É tentador deixar o vinho branco na geladeira e o tinto no balcão, mas nenhum deles vai estar na temperatura ideal. Servir um vinho frio demais suprime os aromas e a textura, enquanto servi-lo quente demais pode torná-lo simples e turvo — e isso se aplica a brancos e tintos. Lembre-se de que a temperatura de um vinho aumenta a partir do momento em que é servido — isso é esperado, e é uma oportunidade de desfrutar do vinho em sua evolução.

A maneira ideal de manter a temperatura é guardar as garrafas numa adega climatizada (ou em um porão de temperatura constante, se possível). Para a maioria de nós, no entanto, isso é impraticável. Então mantenha todos os vinhos levemente refrigerados e tire-os da geladeira um pouco antes de servir para perder o gelo e chegar à temperatura desejada (meia hora deve ser o bastante para a maior parte dos tintos). Se ficar quente demais, devolva-o à geladeira ou coloque um cubo de gelo se necessário. (Sem julgamentos.)

XEREZ → 7°C –14°C
(dependendo do estilo)

CHAMPANHE → 8°C –10°C
(o frio é seu amigo nesse caso)

BRANCOS FRESCOS → 8°C –12°C

ROSÉS → 8°C –13°C

BRANCOS ENCORPADOS → 10°C –14°C

LARANJA → 12°C –16°C
(trate como um branco encorpado ou um tinto leve)

TINTOS FRESCOS OU DELICADOS → 15°C –18°C
(temperatura ambiente)

TINTOS MAIS FORTES → 17°C –19°C

REGRA 44

Nunca encha a taça.

Sirva cerca de um terço da taça ou até metade, dependendo do tipo. Nunca mais do que isso. A regra também vale para restaurantes.

Com a taça assim, você pode girar o vinho, liberando os aromas para que possa desfrutar melhor (veja a p. 93).

Fica difícil girar essa taça; não há espaço disponível para os aromas, que vão desaparecer. (E você provavelmente vai acabar derramando a bebida!)

REGRA 45

Champanhe vale para qualquer dia do ano.

Champanhe é um dos vinhos mais incompreendidos. Por muito tempo foi considerado apenas comemorativo, e não um vinho "de verdade" — as pessoas compravam uma ou duas garrafas por ano, normalmente de uma marca conhecida.

Mas a região de Champanhe está passando por uma bela revolução: centenas de produtores estão fazendo vinhos excepcionais com suas próprias uvas, prestando mais atenção na qualidade e na geografia, chegando a sabores mais precisos. Esses produtores consideram o champanhe acima de tudo um vinho, que deve ser apreciado como qualquer outro, valorizando seu método e seu caráter único, e desfrutado *com frequência*.

O champanhe pode não ser barato, mas tampouco precisa ser caro. E pode ser consumido a qualquer momento. Comemore a sexta-feira. Comemore a pizza. Comemore a nova temporada de *Stranger Things*. Peça a um bom vendedor que lhe apresente a um champagne do qual você nunca tenha ouvido falar. Se os preços te preocuparem, procure espumantes de boa qualidade — cava, crémant ou vinhos sul-americanos produzidos segundo o método tradicional. E explore o que há por aí.

REGRA 46

Não se preocupe com a ordem de servir os vinhos.

Beba como quiser. Se quiser alguma direção, vá do mais leve para o mais encorpado, do branco para o tinto. Mas essa indicação não considera o rosé, os vinhos laranja, o xerez, as bebericadas entre as refeições (ou um shot de tequila), ou o fato de que as refeições não progridem mais como antigamente. Os profissionais muitas vezes alternam pesos e estilos de vinhos, baseados apenas em seu humor. (Para mais sobre harmonização de vinho com comida, veja o cap. 6.)

REGRA 47

Você pode beber rosé em qualquer estação do ano.

Na verdade, deveria tomá-lo sempre. O vinho rosé é o meio do caminho perfeito entre o branco e o tinto. Combina com quase tudo. E, sim, não tem problema beber rosé que tem mais de um ano; os bons envelhecem maravilhosamente. (Um dos grandes rosés do mundo, do produtor López de Heredia, em Rioja, só é lançado depois de sete anos de envelhecimento.)

Espera-se que os vinhos venham em garrafas-padrão de 750 ml, mas alguns dos melhores vêm em *magnums*, que têm o dobro do tamanho. Elas são suas amigas, porque têm o dobro de vinho, claro, mas também porque fazem com que ele envelheça mais devagar, graças à relação mais baixa entre bebida e superfície de vidro, o que significa menos líquido em contato com o ar ou com o recipiente. Essas garrafas mantêm o vinho em condições mais próximas daquelas em que se encontravam no produtor e são um retrato mais fiel de como a bebida deveria ser. E ainda há opções maiores, como as *jéroboams* (de três litros) e as *salmanazars* (de nove litros).

REGRA 48

Compre garrafas grandes.

E, na verdade, é uma boa ideia. A exposição ao oxigênio ajuda a "abrir" o vinho, o que significa que seus aromas se tornam mais pronunciados conforme os compostos aromáticos são liberados, seus sabores são acentuados, sua textura se suaviza e ele se torna mais agradável ao paladar. Só se certifique de ter a taça certa para isso: uma que diminui na borda, com espaço o bastante para que o vinho suba um pouco. E não a encha muito! (Veja a p. 88.) Dica: para praticar, apoie a taça numa superfície reta e faça pequenos círculos com ela. Até profissionais gostam de fazer isso.

REGRA 49

Não há problema em girar a taça.

REGRA 50

Use as hastes; elas existem por um motivo.

O intuito da haste não é fazer a taça parecer mais refinada, mas proporcionar uma distância entre sua mão e o vinho, impedindo a transferência de calor do seu corpo (cerca de 37°C) para a bebida (espera-se que abaixo de 21°C). Então pegue a taça pela haste, e não pelo corpo — a menos que o vinho esteja frio demais e seu propósito seja esquentá-lo. Pense nisso como uma experiência científica.

A haste também ajuda a girar a taça (p. 88) e liberar os aromas do vinho. Elas são o sustentáculo que ajuda a criar um movimento circular.

Nada disso significa que você não deve usar copos comuns; eles são úteis em piqueniques, shows, festas casuais e afins. Mas nunca vão valorizar o vinho tão bem.

Se você estiver treinado, cheirar a rolha talvez possibilite sentir um odor de mofo que pode ser presságio de uma falha. A indústria se preocupa muito com a questão do vinho bouchonné (p. 54). Ele pode perder os aromas ou os sabores, chegando a ter gosto de cachorro molhado. Isso é resultado de um problema com os componentes da rolha, embora também possa ocorrer na vinícola. Hoje, no entanto, essa já não é uma questão tão importante. Com as melhorias na tecnologia de processamento das rolhas, cerca de 1% ou menos das garrafas apresenta esse defeito, número que costumava ficar perto dos 7%. Esse índice também diminuiu com a popularização de outros tipos de fechamento de garrafa. Fala-se de vinho bouchonné porque é terrível abrir um excelente vinho e descobrir que está estragado, mas também porque pessoas ligadas a esse mundo — sobretudo críticos — precisam de algo para reclamar. Não hesite em devolver uma garrafa se achar que tem algo de errado com ela. E saiba que cheirar a rolha não necessariamente vai revelar se o vinho apresenta ou não um problema.

E não cheire apenas as rolhas, mas também as taças. Como elas ficam impregnadas do cheiro dos armários, talvez seja o caso de lavá-las logo antes de servir. (E, se puder, procure mantê-las longe da comida e dos temperos!)

REGRA 51

Não cheire apenas o vinho, mas as taças, o armário onde são guardadas e até a rolha.

REGRA 52

Decante o vinho.

Sim, brancos também. E champanhe. É bom ter um decanter — ou vários. E não precisa ser um modelo chique. O que vale é o processo, não o equipamento.

Esse processo servia para remover os sedimentos de garrafas antigas e ajudar a liberar e acentuar os aromas do vinho tinto, mas o branco também pode se beneficiar dele. Espumantes, por exemplo, têm a pressão levemente reduzida. Decantar ajuda a eliminar a sensação de que o vinho ficou preso numa garrafa por muito tempo (como um gênio da lâmpada).

Para escolher um decanter, é preciso pensar na superfície de líquido que ficará exposta ao ar, de modo que ele não pode ser muito largo.

Se não quiser comprar um, outros recipientes servem, de um pote de vidro a uma jarrinha de alumínio (desde que limpa). Uma vez, em um churrasco em Nipomo, na Califórnia, usei uma jarra de plástico para decantar um pomposo vinho italiano.

Um decanter menor também pode ser útil, se você quiser decantar apenas uma parte (para comparar com a outra) ou for tomar uma meia garrafa.

E como decantar? Segure o recipiente levemente inclinado e despeje devagar;

garanta que o líquido não escorra rápido demais, a menos que seja um vinho novo, para arejá-lo e torná-lo mais agradável. Endireite o decanter e diminua o ritmo conforme a garrafa esvazia.

Algumas dicas: se puder, deixe a garrafa de pé por uma ou duas horas antes de decantar. Para observar o vinho, ilumine o fundo da garrafa. Líquido translúcido é bom; partes sólidas não, e é melhor deixá-las lá. Pare de despejar o vinho quando chegar aos sedimentos. (Mas só se preocupe com isso se o vinho tiver mais de dez anos e for tinto.)

REGRA 53

Você precisa de no máximo três tipos de taça.

Eis como escolher as taças apropriadas: uma para os brancos, uma para os tintos e uma para quando for servir algo especial. Não importa o que você ouviu por aí: você *não* precisa de taças diferentes para cada tipo de vinho.

A única "cor" útil para uma taça é transparente. Nada de ornamentos. Nada de tinta. O objetivo é ver a bebida. Depois da haste (p. 94), a boca é a parte mais importante da taça. Deve ser fina, a menor barreira possível entre o vinho e seus lábios. E o corpo deve ser ovalado, de forma que a parte mais larga fique no meio. (Isso ajuda a concentrar os aromas e a não derramar.)

E diga adeus às taças de espumante, *flûte* ou *coupe* (aquelas de haste baixa e boca larga). A maioria das casas de espumantes não as utiliza, porque reduzem os aromas, e a *coupe* ainda tem o agravante de deixar as bolhas se dissiparem rápido demais. Eu tomo espumante nas taças de vinho branco, mas prefiro as de formato tulipa, que fica no meio do caminho entre as mais estreitas e as padrões, pois ajudam no essencial: maximizar sua habilidade de sentir o aroma e o sabor do espumante em vez de só olhar para as bolhas.

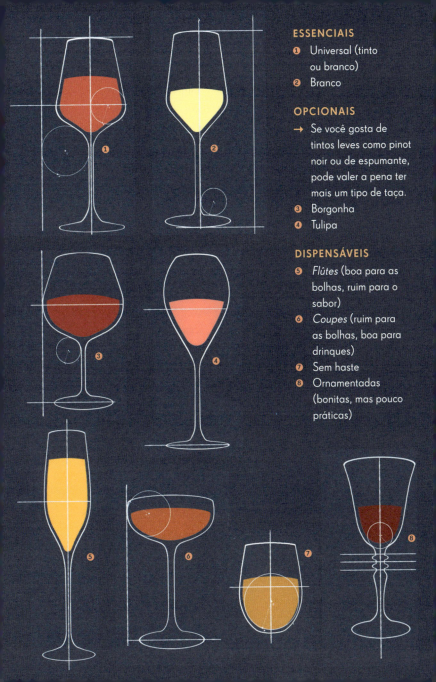

5

ARMAZENAMENTO E TRANSPORTE

REGRA 54

Esqueça a prateleira de vinhos da cozinha.

A menos que mantenha a temperatura da sua cozinha em 16°C, você está lentamente privando o vinho de seu sabor. Mais: muita gente mantém as garrafas perto de geladeiras e fogões, que emanam calor. Para deixá-las na cozinha, invista em uma pequena cave ou guarde algumas na geladeira.

Fora isso, o melhor lugar para guardar o vinho é no local mais escuro e de temperatura mais constante e fria da sua casa. (Que em geral não é o armário, infelizmente.) Mas não o deixe lá por muito tempo, porque a probabilidade de perder seus sabores originais aumentam.

REGRA 55

Mantenha brancos e tintos abertos na geladeira.

A menos que você esteja pensando em bebê-los no mesmo dia. Caso contrário, eles vão durar mais assim. O maior inimigo do vinho é o oxigênio: ele não apenas faz o vinho evoluir como também estragar, transformando-o em vinagre. Manter o vinho na geladeira vai retardar esse processo. Isso se aplica a tintos também — mas lembre-se de tirá-los da geladeira de 30 a 45 minutos antes do consumo. A maior parte dos vinhos dura pelo menos três dias na geladeira, mas raramente mais que uma semana. Então, se é uma garrafa especial, melhor compartilhá-la com os amigos.

REGRA 56

Carros acabam com o vinho.

Eles estão sempre quentes demais (a não ser quando estão frios demais, que é um problema menor). Porta-malas são especialmente péssimos, pois funcionam como uma espécie de forno. Deixar o vinho no carro por uma hora ou duas em um dia quente pode ter efeitos muito ruins. Então, se você costuma transportar garrafas com frequência, considere ter uma geladeira no porta-malas (que também é útil para comida). Ou invista em bolsas de gelo instantâneas, usadas principalmente para tratar contusões, e envolva a garrafa com elas; isso vai ajudar a estabilizar a temperatura por cerca de trinta minutos. Se você for transportar vinho de bicicleta, coloque na cesta dela ou numa mochila. Tenha um pacote de gelo ou um porta-garrafas de neoprene. Se fizer isso com muita frequência, invista em uma corda elástica para manter as garrafas firmes. Deixe o vinho descansar por um tempo antes de abrir, ainda mais se for espumante, já que foi sacudido no transporte.

REGRA 57

Tenha sempre por perto uma meia garrafa vazia e limpa.

Se sobrar cerca de meia garrafa no fim da noite, despeje o líquido na garrafa menor e tampe-a. Com menos espaço disponível, haverá menos oxigênio em contato com o vinho. (Lembre-se: o oxigênio pode estragar um vinho.)

REGRA 58

Adega é uma questão de temperatura.

O vinho não é tão perecível quanto um pé de alface, mas perde qualidade se não for manipulado corretamente. Em geral, deve ser armazenado entre 7°C e 14°C, dependendo da cor (branco ou tinto). Nunca acima de 21°C. Por isso a cozinha não é um bom lugar para guardá-lo. (A umidade também importa, mas é mais difícil de controlar.) Se não tiver como manter sua casa nessa temperatura, o que quase ninguém consegue, deixe o vinho na geladeira, na cave climatizada ou numa adega fresca. Leves mudanças de temperatura, se graduais, não costumam ser um problema (como numa adega no subsolo), mas alterações bruscas podem prejudicar o vinho.

REGRA 59

Mantenha as garrafas deitadas.

Em geral, as rolhas precisam ser mantidas úmidas e em contato com o vinho para ter melhor desempenho. Deixar um vinho em pé faz com que elas ressequem e pode fazer com que o vinho envelheça mais rapidamente ou evapore. Esse processo é menos pronunciado na geladeira, mas, mesmo nela, não deixe as garrafas de vinho na vertical por mais de uma semana ou duas. Uma exceção é o espumante, que tem uma rolha específica, parecida com um cogumelo e projetada para expandir e segurar a pressão na garrafa; nesse caso, umidade demais pode ser problemático. Quando se guarda a garrafa de pé, a parte de baixo da rolha vai aos poucos se contraindo, o que pode permitir a entrada de oxigênio, envelhecendo o vinho mais rápido. Se você planeja tomar o espumante em poucos meses, não vai fazer muita diferença.

REGRA 60

Se um vinho aberto está para estragar, não o descarte.

Use-o para cozinhar. Não se preocupe se começar a azedar; em geral, está virando vinagre, o que na cozinha não é nenhum problema. (Mas cheire ou prove antes de usar, como faria com qualquer outro ingrediente.)

REGRA 61

Beba vinho jovem.

Há muito romantismo (e muita bobagem) envolvendo a suposta superioridade dos vinhos de mais idade. A grande maioria não foi feita para envelhecer tanto. Um cabernet ou pinot noir de boa qualidade pode evoluir ao longo de dez anos ou mais, e poucos outros, como o barolo, precisam de mais tempo ainda. Já tomei vinhos aparentemente simples — um bom beaujolais cru e até alguns brancos, como o fiano — que ficaram mais interessantes com o tempo. Mas são exceções.

Supõe-se que o vinho antigo seja mais prazeroso porque adquiriu maior complexidade após anos na garrafa, mas atenção: não conclua que o merlot barato que ficou "envelhecendo" no balcão da sua casa evoluiu só porque cinco anos se passaram.

É claro que você pode comprar garrafas especiais e bem-feitas para reservar aos dias especiais: rótulos do ano em que seus filhos nasceram (peça ajuda a um bom vendedor), vinhos refinados que descobriu durante uma viagem. E lembre-se de armazená-los da maneira apropriada. Mas, na maior parte do tempo, vale a pena desfrutar dos chamados aspectos "primários" do vinho fresco e frutado: sabores imediatos que são agradáveis *agora*. Não deixe que ninguém lhe diga que é preciso esperar.

REGRA 62

Entenda quais vinhos precisam envelhecer.

O envelhecimento é, em parte, um resquício da época em que os vinhos precisavam de alguns anos para perder habituais imperfeições. A produção moderna mudou isso, mas hoje muitos vinhos de maior qualidade ganham complexidade em pelo menos de oito a dez anos. (Nem sempre é o caso. Muitos cabernets renomados da Califórnia de duas décadas atrás tinham vida útil notoriamente curta.)

O valor agregado pelo tempo não é uma ciência exata, mas os melhores vinhos de quase qualquer região costumam melhorar com um bom armazenamento. Muitos estão incluídos aí — um bom cabernet e outros da família bordeaux (p. 60), um pinot noir de qualidade, borgonhas tintos mais refinados e muitos borgonhas brancos. Mas também inclui vinhos das principais denominações, como Brunello, Barolo, Etna, Montefalco etc. Os melhores vinhos do Rhône e do Loire precisam envelhecer. O riesling alemão e bons brancos austríacos quase sempre melhoram. Grandes vinhos norte-americanos podem se beneficiar (ainda que não sejam tão confiáveis nesse sentido).

Lembre-se de que os vinhos que compramos para beber no dia a dia *não* foram feitos para envelhecer, e tudo bem.

O potencial de envelhecimento de um vinho não é o único fator a determinar como ele evolui. O armazenamento e a procedência (ou seja, com quem estava a garrafa antes de você) são quase tão importantes quanto. Se um vinho foi guardado de maneira inapropriada, não importa quão velho seja, provavelmente não estará bom. Então, se for investir numa garrafa antiga, tente aprender o que puder sobre seu passado. Se foi você mesmo quem a envelheceu, preste atenção nas condições em que ela ficou guardada e na temperatura que deve ser baixa e estável.

Caso queira adquirir um rótulo antigo, saiba que, embora o negócio dos leilões e das revendas tenha evoluído, garrafas falsas ainda são um problema. Isso se aplica a vinhos mais refinados e caros, como os melhores borgonhas. Para safras antigas mais modestas, que podem ser muito boas, certifique-se de sempre fazer algumas perguntas. A garrafa veio de uma adega particular ou do produtor? Quais eram as condições de armazenamento? Como foi transportada? E dê uma olhada na garrafa. O nível de vinho está próximo da rolha? (Caso contrário, ele pode não estar em boas condições.) Se conseguir ver a rolha, parece encharcada? Alguma parte do vinho pode ter embebido a rolha e deixado a garrafa?

REGRA 63

Se quiser beber vinho envelhecido, conheça sua história.

6

VINHO E COMIDA

REGRA 64

A ideia de harmonização perfeita é cruel.

Há uma simples pergunta que provoca enorme afobação: o que devo beber com aquilo que como? Inúmeros livros foram escritos a respeito. Especialistas continuam manifestando sua opinião. Quase sempre os conselhos seguem uma premissa bem-intencionada, mas falsa: de que há *um pareamento perfeito* que vai lhe trazer satisfação e paz de espírito. Adoro encontrar boas harmonizações dos sabores do vinho com os da comida, mas até eu estou cansado dessa obsessão. (Acho que estamos particularmente vulneráveis nos Estados Unidos, porque somos um pouco mais inseguros quando o assunto é vinho.)

Pare de se preocupar. Não existem combinações perfeitas. Beba o que quiser. Algumas coisas podem ser mais difíceis que outras (p. 124), e vamos apresentar algumas estratégias simples para elas, mas não esquente a cabeça. Vamos todos sobreviver.

Pense nestes aspectos em relação ao vinho e à comida: acidez, sal e condimento, textura e peso, doçura/fruta. Excesso de qualquer um deles vai deixar ou o vinho ou a comida desequilibrados. O vinho (e a comida) pode ser ácido ou doce demais. Se ele é muito condimentado (como um syrah apimentado) e não tem uma textura rica ou sabores frutados, vai ter um gosto estranho.

Boas harmonizações podem resultar de características similares: o toque mineral de um muscadet com o sal das ostras, a pimenta de um cabernet franc do Loire com um cozido chinês. Mas às vezes as melhores combinações vêm de opostos: o açúcar do vinho pode ajudar a cortar um tempero pungente ou a acidez da comida. (Por isso riesling meio-seco vai tão bem com a maior parte da comida tailandesa.)

Muitas vezes se dá pouca atenção a aspectos como acidez e textura (pp. 50-1), que talvez sejam os mais importantes do vinho. Por isso a efervescência e a elevada acidez do champanhe, por exemplo, podem combinar tanto com texturas variadas quanto com a gordura da pizza.

REGRA 65

Não se preocupe tanto em combinar sabores; boas harmonizações dependem de outros fatores.

REGRA 66

Quase toda "lei" da harmonização pode ser refutada.

Tinto com peixe? Branco com carne? Filé com champanhe?

De novo, é tudo uma questão de sabores e texturas, não de regras antigas e estritas. O champanhe (que às vezes é feito de uvas tintas prensadas antes que a cor se espalhe) tem acidez e estrutura (e, se for rosé, mais tanino) suficientes para ser combinado com um filé encorpado e gorduroso. Muitos tintos mais leves (como o schiava) são sutis o bastante para destacar as nuances do sabor de peixes brancos, que também podem ser preparados com tomate, azeitona ou outros sabores agressivos. (Pergunta: tinto ou branco com ensopado de mariscos? Resposta: qualquer um.) Nesse sentido, alguns pratos de carne — como o schnitzel — são classicamente harmonizados com um vinho branco aromático (às vezes meio-seco) como o riesling. Vivemos em um mundo com uma diversidade culinária muito maior do que aquele compreendido pelas regiões produtoras de vinho clássicas, de modo que muitas das velhas regras parecem antiquadas e inadequadas à nossa cultura.

Beba o que gosta com a comida que gosta. Alguns extremos não vão dar certo, mas a maior parte dos vinhos jovens, frescos e relativamente frutados é bastante versátil.

HARMONIZAÇÕES QUE AMAMOS

- → Chablis + ostras
- → Beaujolais/zinfandel frutado + churrasco
- → Champanhe + pizza ou coxinha
- → Cabernet franc + comida chinesa
- → Borgonha/chardonnay branco + frango assado
- → Soave + milho
- → Rosé + ovos Benedict

HARMONIZAÇÕES INESPERADAS QUE AMAMOS

- → Champanhe + filé
- → Borgonha tinto + sushi
- → Riesling frutado + pizza ou cachorro-quente
- → Beaujolais + taco, faláfel ou feijão tropeiro
- → Sauvignon blanc ou vermentino + chili verde
- → Pinot blanc + cozido de cordeiro ou dal de lentilha
- → Vinho laranja + lagosta ou vatapá
- → Barbera + moqueca

HARMONIZAÇÕES SUPOSTAMENTE IMPOSSÍVEIS

- → Grüner veltliner, riesling seco, moscato seco ou certos sauvignon blancs + aspargos
- → Sylvaner, xerez fino, rioja branco, chenin blanc seco, muscadet e outros + couve-de-bruxelas
- → Xerez manzanilla ou amontillado + shoyu
- → Borgonha tinto ou branco, champanhe, brancos ácidos + sushi
- → Vinhos ácidos + vinagre

REGRA 67

Ao pensar uma harmonização, o molho muitas vezes importa mais que o ingrediente principal.

Em geral, as regras da harmonização consideram o ingrediente principal de um prato, mas com frequência não é o sabor dele que se destaca. Proteínas (legumes também) são profundamente impactadas pelo modo de preparo e pelo molho. Diferentes pratos com o mesmo ingrediente principal podem ser ricos e cremosos, doces e pungentes ou frescos e salgados. Pense nas diferenças entre o frango grelhado e um estrogonofe, entre vieiras e sashimi, ou fettucine alfredo e um molho à matriciana.

Fica mais fácil harmonizar quando se foca a preparação, em vez do ingrediente principal. Embora a atenção na culinária ocidental costume residir no ingrediente principal — ainda que a função de *saucier* fosse uma das mais importantes da cozinha francesa —, pode ser útil pensar no molho e nos temperos (gengibre e por aí vai) que são colocados na panela ou frigideira.

É verdade que um barolo tinto fica perfeito com as trufas e as massas arrebatadoras do Piemonte, e o beaujolais combina bem com a comida gordurosa de Lyon.

Mas muitos sabores atuais não vieram de regiões tradicionalmente vinícolas. Tente aplicar as mesmas regras a acarajé ou tofu. Pode ser divertido recriar combinações tradicionais, mas não se prenda a elas.

REGRA 68

Vinho e comida do mesmo lugar podem ficar ótimos juntos — mas de lugares distantes também.

REGRA 69

Ignore quem diz que algumas comidas não combinam com vinho.

Sim, pode ser difícil harmonizar determinadas comidas com vinho. O enxofre no aspargo e na couve-de-bruxelas é problemático. A textura das ostras não cai bem com os taninos.

Mas *há* vinhos que combinam com essas comidas. Alemães e austríacos comem toneladas de aspargos na primavera com grüner veltliner e sylvaner, por exemplo. Ostras ficam maravilhosas com a maior parte dos brancos frescos e, se não estiverem cruas, com muitos tintos leves. E algumas famosas proibições, como shoyu e sushi, parecem planejadas para nos deixar inseguros. Então tome vinho com eles, se quiser.

Dito isso, há um sabor importante que anula todos os outros no vinho: *carvalho*. A madeira e a doçura da baunilha encobrem sabores mais sutis e delicados. Isso não quer dizer que vinho com o carvalho muito presente não caia bem com a comida, mas variedades com nenhum carvalho ou apenas um leve toque são mais versáteis. A regra geral é: se sentir gosto de carvalho, o vinho vai brigar com a comida (a menos que seja carne-seca defumada).

Mais uma pedra no sapato: *açúcar*. Certa doçura pode contrabalançar sabores mais agressivos na comida, mas muitos vinhos (como alguns dos sauvignon blancs da Nova Zelândia) têm altos níveis de açúcar, às vezes escondidos (p. 52).

Vinhos espumantes de todas as partes do mundo harmonizam bem com uma variedade impressionante de comidas. Resolvi muitas combinações complicadas de pratos — ela pediu cordeiro, ele pediu linguado — com essa opção.

E lembre-se: a cerveja também tem bolhas. Sua harmonização tem um sistema de regras próprio e igualmente complexo, mas, como acontece nos vinhos frisantes, a efervescência torna tudo mais versátil.

REGRA 70

Se tudo o mais falhar: bolhas.

JANTANDO FORA

REGRA 71

Se uma taça custa mais que um quarto da garrafa, não peça.

Uma garrafa de 750 ml contém cerca de cinco taças de vinho. Arredondando (talvez lhe sirvam uma quantidade generosa), isso significa que, se uma taça custar mais de um quarto da garrafa, estão cobrando demais. Isso é ainda mais verdadeiro se considerarmos que esses vinhos costumam sair mais baratos para os restaurantes. Então você não deveria ter que pagar mais pelo "privilégio" de tomar uma taça em vez de uma garrafa. Uma taça que custa um quarto da garrafa é uma economia razoável; um quinto do preço é um bom negócio. Um terço? Um roubo.

Dito isso…

REGRA 72

Uma taça de vinho num restaurante deve ter cerca de 175 ml.

Mais do que isso é pura generosidade. Menos — a não ser que tenha pedido meia taça ou só o bastante para experimentar — e você está sendo enganado. Isso não é aleatório; é matemática simples baseada na economia do restaurante (veja acima).

750 ml/4 a 5 taças por garrafa = 150 a 187,5 ml por taça

Também é por isso que meia taça pode ser uma boa ideia; elas lhe dão flexibilidade e com frequência contêm um pouco mais do que meia taça de verdade (100 ml). Bons restaurantes devem ter taças nas quais 175 ml preencha, no máximo, metade dela.

REGRA 73

Se o garçom está servindo vinho demais na taça, impeça.

"Já está bom, obrigado" deve bastar. Se você precisar dar uma de árbitro e esticar o braço, vai ser lamentável — para o garçom, não para você —, mas tudo bem. Você é o cliente. (Mas é um pouco deselegante fazer o contrário: pedir para encher mais.) Um bom garçom vai servir a quantidade certa.

REGRA 74

Cartas de vinho longas não são melhores que as reduzidas.

Siga o provérbio: tamanho não é documento. O que importa é o que você faz com ele. Historicamente, as cartas de vinho recebiam maior crédito — e prêmios — se fossem longas. E uma carta gigantesca pode ser divertida. Mas a edição é uma habilidade igualmente importante para um sommelier, que deve escolher os melhores (ou mais fascinantes) vinhos de cada tipo, em vez de oferecer de tudo. Nas palavras do sommelier londrino Michael Sager, os clientes não precisam de "cinco chablis diferentes para harmonizar com o peixe, só de um". E a maior parte dos restaurantes modernos nem tem espaço para armazenar centenas de garrafas. Quando bem-feita, uma carta de uma página pode ser tão útil quanto uma de cinquenta.

REGRA 75

Pedir um vinho é uma conversa, não um teste.

Mas certifique-se de que não seja um monólogo. Você e o sommelier precisam falar um com o outro, não um *para* o outro. Não existe escolha perfeita, então peça o vinho que o satisfaça. Mas como fazer isso?

→ Seja claro quanto ao tipo de vinho de que gosta. Se não estiver confortável com as sugestões do garçom ou sommelier, peça mais.

→ Seja claro desde o início quanto à faixa de preço. Se uma sugestão estiver fora dela, diga. Se não quiser falar de dinheiro à mesa, aponte para um vinho mais próximo do que quer e pergunte: "E algo mais próximo deste?". Ou "Gosto de vinhos dessa região". Eles vão entender a dica.

- Nem é preciso dizer que os funcionários de um restaurante *sempre* devem conhecer a carta de vinhos mais do que você. Sempre vale perguntar do que mais gostam, mas isso não é tão útil quanto pedir duas ou três sugestões do que harmoniza com o que vai comer. Deixe que editem a carta por você.

- Se não tiverem uma resposta satisfatória, peça com educação que perguntem a outra pessoa. Por isso pagamos mais caro pelo vinho em restaurantes: para que profissionais o sirvam.

- Pergunte a um sommelier que vinho realmente o entusiasma. Se não estiver abaixo da média de preços da carta, pergunte de novo.

- Se não conseguir decidir e o restaurante não for refinado demais (e ainda que seja), peça para provar uma taça, nunca mais que duas — e é claro que isso não se aplica a vinhos que não são servidos em taça. Se não gostar da sugestão, diga logo na sequência: "Não era o que eu tinha em mente". Hoje, em geral é aceitável devolver uma sugestão, mas não depois que tiver começado a beber.

- Por último, vinho às vezes não é o mais apropriado. Além do surto dos drinques, os restaurantes também estão trabalhando melhor com cerveja, sidra e até saquê (e para encontrar opções não alcoólicas interessantes). São todas boas ideias, dependendo do seu humor.

REGRA 76

Não há fórmula para encontrar o melhor custo-benefício da carta.

Por muitos anos, circularam teorias para descobrir os grandes negócios: escolha sempre o vinho mais barato ou o segundo mais barato.

Lembre-se de que os sommeliers também ouviram esses "segredos". Com o tempo, você pode saber o preço de alguns vinhos de referência, mas é exatamente o valor desses vinhos que costuma ser distorcido para enganar os novatos. Então esqueça as supostas regras.

Um bom restaurante sustenta todas as suas escolhas e sabe que os clientes hoje podem conferir preços no mesmo instante pelo celular. Em geral, é justo esperar que as garrafas custem o dobro que na loja. Os restaurantes têm que diluir o custo do armazenamento, das taças e materiais e do serviço profissional. Gostando ou não, a venda de vinhos ajuda a maior parte dos restaurantes a fechar a conta. Mas, quando se fala em mais do que o dobro, é hora de considerar se não estão apenas metendo a faca.

Mais algumas regras básicas:

FAÇA A LIÇÃO DE CASA.

Isso significa avaliar a carta de antemão para ver o preço das garrafas. Se for curioso, pode inclusive comparar com o preço praticado nas lojas. Os profissionais fazem esse cálculo de cabeça sempre que saem para jantar. Um restaurante que se orgulha de sua carta a disponibiliza na internet — com preços.

VINHOS MAIS ÓBVIOS COSTUMAM SER OS PIORES NEGÓCIOS.

A taça de chardonnay, marcas conhecidas, champanhe e por aí vai.

QUASE TODA CARTA TEM VINHOS MENOS CONHECIDOS QUE SÃO OS QUERIDINHOS DE ALGUÉM.

Pode ser um vinho austríaco ou grego, às vezes classificado como um "branco interessante". Em geral, são os melhores negócios; às vezes os sommeliers até dão um desconto para propagar sua paixão.

SE VOCÊ RECONHECE OS CHAMPANHES DA LISTA, ESTÁ PAGANDO CARO DEMAIS POR ELES.

Essas garrafas provavelmente foram compradas com desconto por atacado. Também são mais propensas a ter o preço inflacionado porque são nomes familiares, que alguns clientes associam a prestígio, então as escolhem independentemente do preço. (Mas isso era mais comum no passado. Tantas pessoas sabem o preço do Veuve Clicquot, por exemplo, que os restaurateurs mais sagazes pararam de enfiar a faca nele.) Uma dica: fique atento às opções de espumantes que não são champanhe ou prosecco, que com frequência podem ser um bom negócio.

REGRA 77

O vinho deve chegar à mesa na temperatura adequada.

Esse é um dos principais aspectos que oneram o vinho comprado em restaurante. Infelizmente, é mais difícil de acontecer do que deveria. Quase sempre as garrafas são guardadas em prateleiras comuns, e não em uma cave. (Vejas as pp. 86-7 para as temperaturas apropriadas.)

Se um vinho chega frio demais, diga que vai esperar até que esquente ou peça que seja decantado. (O manejo vai esquentá-lo, e o vidro do decanter estará mais quente que a garrafa.)

É mais comum que os vinhos cheguem quentes demais, sobretudo o tinto. Peça um balde de gelo — sim, mesmo para o tinto — e explique com educação que ele precisa esfriar um pouco. (Com sorte, o restaurante vai captar a dica sutil de que está estocando os vinhos de maneira inapropriada.)

Isso quer dizer que a carta de vinho não deve ser monopolizada por uma única pessoa. Se preferir, peça outras. Se alguém estiver querendo esbanjar, sugira educadamente uma garrafa a um preço mais razoável. Se ele não pegar a dica, você sempre pode tentar se fazer entender com uma piada: "É tão *legal* da sua parte oferecer um vinho tão impressionante para todo mundo". E, para o futuro, procure se lembrar de que essa pessoa não é uma boa companhia para jantar.

Procure também ter em mente que o vinho é servido igual para todos, mesmo considerando que alguns bebem mais rápido.

REGRA 78

Se vai dividir a conta, lembre-se de que também vai dividir a bebida.

Não se esqueça de perguntar o que seus convidados gostariam de beber e sinta-se livre para ceder espaço a eles. Mas, se é você quem paga, é você quem escolhe. E, se for dividir a conta mas quiser experimentar algo especial, se ofereça para pagar o vinho separado. É uma excelente saída.

REGRA 79

Se for pagar a conta, quem escolhe o vinho é você.

REGRA 80

Como cliente, você tem direitos.

A garrafa sempre deve ir até você fechada, mesmo que depois seja levada para ser aberta. Embora alguns sommeliers gostem de abri-las numa mesa de apoio, é preciso garantir que você está adquirindo uma garrafa fechada (que veio da adega, presumivelmente), e não uma que já foi aberta.

Sempre aceite a pequena amostra que for oferecida para experimentar. Se o vinho foi recomendado e você não gostou dele, essa é sua chance de dizê-lo. É melhor *perguntar* se pode pedir outra garrafa em vez de exigir, mas os bons restaurantes costumam aceitar a devolução de uma garrafa de que um cliente não gostou — se você avisar de imediato, e não depois de beber metade. Às vezes, os sommeliers servem um vinho muito mais barato que o anterior aos clientes que devolvem uma garrafa, o que é inadequado.

Cheire a rolha se quiser, mas talvez isso não lhe diga nada (p. 95).

Algumas vezes a garrafa vai apresentar problemas (p. 53). Pode ser difícil de perceber: eu e minha mulher, ambos profissionais, sempre discutimos sobre a condição de um vinho servido num restaurante. Se o gosto parecer estranho, peça ao sommelier que prove; se ele for bom, já vai ter provado uma pequena amostra antes de servir a você.

(Se for um garçom servindo, pergunte se o sommelier ou maître podem experimentar.) Se estiver mesmo estragado, não há problema em devolver. Mas *nunca* faça isso depois de começar a beber — com uma exceção: às vezes a falha demora alguns minutos para se revelar. Se o vinho de repente adquirir um sabor notavelmente pior, avise com educação a um garçom. Se ele for competente, vai levar para alguém conferir.

8

BEBEN-DO EM CASA

REGRA 81

Não seja o convidado que leva vinho barato, mas também não é preciso esbanjar.

Quanto se deve gastar ao levar um vinho para alguém? A regra geral é: o mesmo que o prato principal de um restaurante ao qual você iria com seu anfitrião. Lembre-se de que caro não é necessariamente igual a especial. Às vezes, uma garrafa única e excepcional mais barata é a escolha perfeita.

O que importa mesmo é escolher algo que mostre que você ponderou a sua escolha, levando em conta o gosto do anfitrião. Consideração sempre importa mais que preço.

REGRA 82

Não presuma que seu vinho vai ser aberto.

Como anfitrião, é educado abrir e servir quaisquer garrafas que seus convidados levem. Dito isso, como convidado, você não deve esperar que o vinho que levou seja aberto.

Se a garrafa foi pensada especificamente para aquela noite, diga que escolheu especialmente para a ocasião ou que precisa decantar antes de servir, o que talvez precise mesmo, incluindo brancos (p. 96). Se estiver preocupado que seu amigo não entenda sua indireta, pergunte antes: "Estava pensando em levar um vinho especial para o jantar, mas achei melhor perguntar, caso você já tenha comprado algum".

Se você vai dar uma festa, o tanto de vinho que compra depende dos seus amigos — e do tipo de ocasião. Em geral, calcule que cada convidado bebe pelo menos duas taças. Uma garrafa contém um pouco mais de quatro taças — sei que eu disse cinco na p. 128, mas uma taça de festa é servida mais cheia que a de um restaurante.

Assim, calcule uma garrafa para cada dois convidados, então acrescente pelo menos mais uma garrafa para garantir. Ou seja, quatro convidados = três garrafas; oito convidados = cinco garrafas, e por aí vai.

REGRA 83

Compre só um pouco a mais do que planeja servir.

Só porque doze ou mais pessoas vão comparecer não é desculpa para você usar copos de plástico. Se for receber muita gente, compre taças de vidro baratas que possam ir no lava-louças e guarde-as para festas futuras. Se você estiver apavorado com a ideia de ver todas aquelas hastes se quebrando, compre copos normais. Se for um evento mais casual, há taças de vinho sem haste, versão plástico.

REGRA 84

Use taças de vidro.

REGRA 85

Ofereça variedade.

A menos que seja um jantar, certifique-se de que tintos, brancos, rosés e espumantes estejam representados — ou pelo menos disponíveis —, para que os convidados tenham opção. Dependendo do que for servir e de como está o tempo, você pode querer investir em um estilo: se for um coquetel antes do jantar (ou for fazer uma festa inteira estilo coquetel), acrescente mais algumas garrafas de espumante.

E por fim, nem é preciso dizer...

REGRA 86

Compre os vinhos que você quer beber.

É um bom incentivo para comprar um pouco a mais, já que no pior dos casos você vai consumir as sobras depois.

REGRA 87

Sempre esteja preparado.

Mantenha algumas garrafas sempre à mão, de preferência um branco (algo versátil como verdicchio ou chardonnay sem carvalho acentuado), um tinto (algo relativamente leve, como pinot noir ou um bom beaujolais) e um espumante. Se não tiver espaço, uma garrafa de espumante na geladeira basta.

REGRA 88

Invista em uma boa meia garrafa de vermute — ou duas.

Preferencialmente um branco seco e um tinto doce (e um "blanc" ou "bianco", se gostar). São ótimos para aperitivos *e* para fazer drinques. Guarde as garrafas abertas na geladeira — e compre sempre a meia garrafa, porque é melhor consumir tudo em menos de uma semana (diz o cara que as deixa na geladeira por semanas). O mesmo vale para o xerez seco.

REGRA 89

Não guarde ótimos vinhos eternamente.

Uma das maiores falácias do vinho é que o tempo o torna melhor. Sem dúvida, há muitos vinhos que são bebidos jovens demais, e a paciência pode ser uma virtude quando se trata dos mais importantes (p. 111). Mas até os melhores vinhos da atualidade podem ser desfrutados relativamente cedo.

Isso não quer dizer que você não deve colecionar vinhos envelhecidos, mas muitos de nós — eu incluído — guardam garrafas por mais tempo do que deveriam, ou porque estão esperando o momento *certo*, ou porque nem se lembram mais de que as têm. (Pode ser um engano feliz um dia encontrar uma garrafa de algo que envelheceu sem querer e que ainda está boa.)

Nada é mais prazeroso do que abrir um bom vinho com as pessoas de que gosta e desfrutar do fato de que foi reservado para aquele momento, mesmo que não seja verdade. Então, não acumule essas garrafas. Abra-as, aprecie-as e compre mais — porque sempre há mais.

AGRADECIMENTOS

Este modesto livro acabou sendo um desafio muito maior do que eu esperava e jamais teria se concretizado não fosse a ajuda de muitas pessoas. Antes de tudo, tenho que agradecer à minha mulher, Valerie, por seu amor, seu apoio e os conselhos que me deu ao longo de todo o processo. Você sabe muito mais sobre vinho do que eu, mas vive me lembrando de que conhecimento é apenas uma parte da equação. Se não conseguirmos compartilhá-lo da maneira certa, ele é inútil.

Também agradeço muito a:

Minha amiga e agente literária Katherine Cowles, pela ajuda e infinita paciência no caminho para garantir que este livro — um território novo — fosse feito da maneira correta.

Aaron Wehner, da Crown e da Ten Speed Press, que apoiou desde o início a ideia de um projeto diferente e que foi essencial na definição do conceito e da forma.

Toda a equipe da Ten Speed, por conseguir tornar realidade um projeto complexo em um tempo desafiador, principalmente minha editora, Emily Timberlake, que tem sido uma grande amiga e aliada quando se trata de fazer todas as pecinhas se encaixarem; Lizzie Allen, nossa incrível designer, que chegou a um conceito visual amistoso, mas não frívolo; Jean Blomquist e Dolores York, que cuidaram da preparação e revisão; David Hawk e Allison Renzulli, por seu trabalho dinâmico na comunicação; e Emma Campion, Serena Sigona, Hannah Rahill e Windy Dorresteyn, por seu apoio e sua ajuda.

María Hergueta, nossa ilustradora, cujo trabalho é sempre lindo de ver. María encontrou a linguagem visual para expressar ideias muitas vezes complexas. Este livro nunca teria funcionado sem você.

Minha amiga e editora Talia Baiocchi e toda a equipe da *PUNCH*, que sempre me desafiam a fazer o meu melhor e que me deram espaço para testar novas ideias para este livro.

Meus revisores externos: Aimee Haber, Steve Matthiasson, Carole Meredith, Erin Nebel, Tegan Passalacqua e Juliette Pope. Seu feedback, profissional e pessoal, foi sincero e valioso. Vocês tornaram este livro algo muito melhor.

Os muitos produtores, vendedores, sommeliers e outros profissionais da área que atormentei com perguntas ao longo dos anos e que me ajudaram a abrir um caminho rumo à expertise. Não há como agradecer o bastante por seu tempo e sua paciência.

Finalmente, um muito obrigado à minha mãe. Você sempre ajudou a me lembrar de que às vezes temos que diminuir o ritmo para que os outros entendam aquilo que só é óbvio na nossa cabeça.

Copyright © 2017 by Jon Bonné
Copyright das ilustrações © 2017 by María Hergueta

Companhia de Mesa é um selo da Editora Schwarcz S.A.

Grafia atualizada segundo o Acordo Ortográfico da Língua Portuguesa de 1990, que entrou em vigor no Brasil em 2009.

TÍTULO ORIGINAL The New Wine Rules: A Genuinely Helpful Guide to Everything You Need to Know
CAPA Fabricio Miranda
FOTO DE CAPA Anhykos/ iStock
PROJETO GRÁFICO Lizzie Allen
CONSULTORIA E PESQUISA Luiz Horta
PREPARAÇÃO Andréa Bruno
REVISÃO Márcia Moura e Carmen T. S. Costa

Dados Internacionais de Catalogação na Publicação (CIP)
(Câmara Brasileira do Livro, SP, Brasil)

Bonné, Jon
As novas regras do vinho : um guia útil de verdade com tudo o que você precisa saber / Jon Bonné ; ilustrações María Hergueta ; tradução Lígia Azevedo, Reginaldo Azevedo — 1ª ed. — São Paulo : Companhia de Mesa, 2019.

Título original: The New Wine Rules : A Genuinely Helpful Guide to Everything You Need to Know.
ISBN 978-85-92754-12-9

1. Vinhos – Guias 2. Hergueta, María II. Título.

19-25154 CDD-641.22

Índice para catálogo sistemático:
1. Guias : Vinhos : Alimentos e bebidas 641.22

Cibele Maria Dias – Bibliotecária – CRB-8/9427

[2019]
Todos os direitos desta edição reservados à
EDITORA SCHWARCZ S.A.
Rua Bandeira Paulista, 702, cj. 32
04532-002 — São Paulo — SP
Telefone: (11) 3707-3500
www.companhiadasletras.com.br
instagram.com/companhiademesa

TIPOGRAFIA Plantin MT Pro
DIAGRAMAÇÃO acomte | Tânia Maria
PAPEL Alta Alvura
IMPRESSÃO Geográfica, junho de 2019

A marca FSC® é a garantia de que a madeira utilizada na fabricação do papel deste livro provém de florestas que foram gerenciadas de maneira ambientalmente correta, socialmente justa e economicamente viável, além de outras fontes de origem controlada.